AF826389

SCHRIFTENREIHE DES IFO-INSTITUTS FÜR WIRTSCHAFTSFORSCHUNG

Nr. 87

IFO-INSTITUT FÜR WIRTSCHAFTSFORSCHUNG

Bisherige und zukünftige Entwicklung des Textilverbrauchs in wichtigen Industrieländern

Von

Michael Breitenacher

DUNCKER & HUMBLOT / BERLIN - MÜNCHEN

Gedruckt 1976 bei Berliner Buchdruckerei Union GmbH., Berlin 61
Printed in Germany

ISBN 3 428 03563 1

Inhaltsverzeichnis

Tabellenverzeichnis

Abbildungsverzeichnis

Vorbemerkung

Textil- und Bekleidungsindustrie sind seit Jahren tiefgreifenden strukturellen Wandlungen unterworfen. Diese Veränderungen sind zurückzuführen auf

— Verlagerungen im Welthandel mit Textilien
— Wandlungen in der Produktionstechnik und im Rohstoffeinsatz
— Veränderungen in der gesamtwirtschaftlichen Bedarfsstruktur.

Die zwei erstgenannten Faktoren führten in der Vergangenheit zu einer Erhöhung des Angebots (durch Zunahme der Importe und durch schnellen technischen Fortschritt); der dritte Faktor bewirkte, daß der Verbrauch von Textilien in den Industrieländern — langfristig betrachtet — hinter der gesamtwirtschaftlichen Entwicklung zurückblieb. Daraus folgt eine Tendenz zur Verschärfung des Wettbewerbs. In dieser Situation erweist es sich als notwendig, gewisse Vorstellungen über die zukünftige Entwicklung des Textilverbrauchs zu besitzen. Diese können der Wirtschaftspolitik und den Unternehmen Orientierungshilfen für ihr zukünftiges Handeln geben.

Der Bundesminister für Wirtschaft hat das Ifo-Institut beauftragt, die bisherige und zukünftige Entwicklung des Textilverbrauchs in wichtigen Industrieländern zu untersuchen. Folgende Länder wurden in die Untersuchung einbezogen: Die Länder der Europäischen Gemeinschaft (einschließlich Vereinigtes Königreich, Irland und Dänemark), Schweden, die USA, Kanada und Japan.

Die Untersuchung wurde in der Abteilung Industrie des Ifo-Instituts für Wirtschaftsforschung, die unter der Leitung des Vorstandsmitglieds Dr. Karl Heinrich Oppenländer steht, durchgeführt.

Die Programmierarbeiten für die Regressionen sowie die ökonometrische Beratung wurden von Dipl.-Kaufmann Kurt Stock (Abteilung Ökonometrie und Datenverarbeitung) wahrgenommen.

I. Komponenten des Textilverbrauchs

Die Nachfrage nach Textilien umfaßt zwei Komponenten:

— die Nachfrage der privaten Haushalte und

— die Nachfrage der verschiedenen industriellen Bereiche und sonstiger nicht-privater Abnehmer, wie z. B. der Öffentlichen Hand oder der nicht-industriellen gewerblichen Wirtschaft (Hotels, Gaststätten u. ä.).

Die Nachfrage der privaten Haushalte nach Textilien läßt sich untergliedern in die Nachfrage nach Bekleidungstextilien sowie nach Heim- und Haustextilien. Beim industriellen Textilverbrauch handelt es sich hauptsächlich um Textilerzeugnisse, die als Roh- und Hilfsmaterialien Verwendung finden[1]. Der Textilverbrauch der sonstigen nicht-privaten Abnehmer besteht in erster Linie aus Bekleidungstextilien (insbesondere Uniformen, Dienst-, Anstalts-, Berufs- und Arbeitsschutzkleidung), aus Haus-, Bett- und Tischwäsche (Bedarf der Hotels, Kantinen, Heime, Anstalten, Krankenhäuser usw.) sowie aus Heimtextilien.

Der überwiegende Teil der Erzeugnisse der Textil- und Bekleidungsindustrie geht naturgemäß in den privaten Verbrauch, und zwar entweder direkt (Erzeugnisse der Bekleidungsindustrie und der für den Endverbrauch produzierenden Branchen der Textilindustrie) oder indirekt (Erzeugnisse der Textilindustrie, in erster Linie Garne und Stoffe). Die Nachfrage der nicht-privaten Abnehmer nach Textilien spielt demgegenüber nur eine untergeordnete Rolle (vgl. Tabellen A 1 bis A 5)[2]. In der Bundesrepublik Deutschland belief sie sich 1970 auf 9 % des gesamten Absatzes von Erzeugnissen der Textil- und Bekleidungsindustrie[3], in Frankreich, Italien, den Niederlanden und Belgien lag dieser Anteilswert im Jahre 1965 zwischen 6 und 12 %. Auch für Schweden errechnet sich ein Anteilswert in dieser Größenordnung. Größere Bedeutung hat die Nachfrage der nicht-privaten Abnehmer nach Textilien lediglich im Vereinigten Königreich.

Aufgrund der insgesamt gesehen geringen Bedeutung des nicht-privaten Textilverbrauchs beschränkt sich die vorliegende Untersuchung auf

---

[1] Nicht zum industriellen Textilverbrauch gerechnet werden die internen Lieferungen der Textilwirtschaft, also z. B. die Lieferungen von Geweben von der Textilindustrie an die Bekleidungsindustrie.

[2] Tabellen mit dem Zusatz „A“ finden sich im Anhang.

[3] Die Zahlen sind der letztverfügbaren Input-Output-Tabelle entnommen.

die Analyse des Textilverbrauchs der privaten Haushalte. Dabei kommt es in erster Linie auf die Analyse des Bekleidungsverbrauchs, dem bei weitem wichtigsten Teil des privaten Textilverbrauchs, an. Aus den Tabellen A 6 bis A 11 geht nämlich hervor, daß sich der Anteil der Ausgaben für Bekleidungserzeugnisse an den gesamten Ausgaben der privaten Haushalte für Textilien in den zu untersuchenden Ländern auf 80 % und mehr beläuft.

II. Bestimmungsfaktoren des privaten Textilverbrauchs

Die Entwicklung des privaten Verbrauchs von Textilien ist abhängig vom Wachstum der Bevölkerung und des Einkommens sowie von Veränderungen in der Bedarfsstruktur der privaten Haushalte und den Preisrelationen[1]. Die Entwicklung der *Bevölkerung* ist abhängig von demographischen Faktoren sowie von Wanderungsbewegungen. Stellt man auf Pro-Kopf-Größen ab, so kann der Faktor Bevölkerung ausgeschaltet werden. Die drei verbleibenden Faktoren, nämlich Einkommen, Bedarfsstruktur und Preisrelationen bestimmen dann *simultan* die Nachfrage nach Textilien. Die *Einkommensentwicklung* beeinflußt den Textilverbrauch einmal dadurch, daß sie die für den Kauf von Gütern und Dienstleistungen — und damit auch für den Kauf von Textilien — verfügbare Kaufsumme (unter Berücksichtigung der Sparquote) bestimmt. Zum anderen beeinflußt die Einkommensentwicklung die Bedarfsstruktur und legt damit die Aufteilung der verfügbaren finanziellen Mittel auf die verschiedenen Güter und Dienstleistungen fest, bestimmt also den Anteil des Einkommens, der für den Kauf von Textilien aufgewendet wird.

Auf die *Bedarfsstruktur* der privaten Haushalte wirken neben dem Einkommen noch andere Faktoren ein. Dazu zählen insbesondere[2]:

— die soziale Schichtung der Bevölkerung und die Einkommensverteilung,

— die Alters- und Geschlechtsstruktur der Bevölkerung,

— der Wohnort und das Klima,

— die Lebensgewohnheiten,

— die Intensität des Modebewußtseins,

— die Werbeintensität und -wirksamkeit

— sowie der technische Fortschritt und Substitutionsprozesse.

---

[1] Vgl. H. P. Lösch, Gegenwärtige und zukünftige Entwicklungstendenzen der inländischen Textilnachfrage, in: Textilwirtschaft im Strukturwandel, hrsg. von W. G. Hoffmann, Tübingen 1966, S. 234 ff.

[2] Vgl. hierzu H. P. Lösch, Gegenwärtige und zukünftige Entwicklungstendenzen ..., S. 236, und P. Pattis, Die Märkte für Textilien — Typische langfristige Entwicklungstendenzen als Grundlage für Prognosen, Zürich und St. Gallen 1969, S. 57 ff.

Die Bedarfsstruktur hat sich im Untersuchungszeitraum in den meisten Ländern grundsätzlich in der Weise geändert, daß die Ausgaben für Dienstleistungen und Güter des gehobenen Bedarfs insbesondere zu Lasten jener für Nahrungs- und Genußmittel an Gewicht gewonnen haben. Der Anteil der Ausgaben für Bekleidung (einschließlich Schuhe) war seit 1950 — langfristig betrachtet — in den meisten untersuchten Ländern rückläufig (vgl. Tabelle 1)[3].

Tabelle 1

Anteil der Käufe von Bekleidung an den Ausgaben für den privaten Verbrauch

(%; auf Basis von Werten in Preisen von 1963)

Land	1950	1960	1972
Bundesrepublik Deutschland	12,7	12,4	12,2
Frankreich	11,3	10,4	9,6
Italien	9,4	9,2	9,1
Niederlande	15,2	15,1	13,3
Belgien	9,5 a)	8,2	7,8
Vereinigtes Königreich	10,7	9,6	9,8
Irland	11,0 a)	9,6	11,0
Dänemark	10,7	8,0	7,7
Schweden	12,9	9,8	8,2
USA	9,8	8,0	8,1
Kanada	10,3	9,4	9,1
Japan	11,8 b)	13,1	10,6

a) 1963. - b) 1952.

Quelle: OECD, National Accounts of OECD Countries.

[3] Die jährliche Entwicklung des Anteils der Ausgaben für Bekleidung (einschl. Schuhe) am gesamten privaten Verbrauch ist Tabelle A 12 zu entnehmen.

Die Verschiebungen in der Bedarfsstruktur der privaten Haushalte, die einerseits generell zu Lasten der Ausgaben für Bekleidung gehen, haben andererseits positive Auswirkungen auf die Ausgabenkategorie „Waren und Dienstleistungen für die Haushaltsführung“. Die mit steigendem Wohlstand einhergehende zunehmende Nachfrage nach Gütern des Wohnbedarfs regt auch das Kaufinteresse für Heim- und Haushaltstextilien an, da diese zu den sonstigen Gütern des Wohnbedarfs in einer gewissen Komplementärbeziehung stehen. Aus den Tabellen A 6 bis A 11 ist ersichtlich, daß der Anteil der Ausgaben für Heim- und Haustextilien am gesamten privaten Textilverbrauch in fast allen untersuchten Ländern in den vergangenen Jahren angestiegen ist. Insbesondere in jenen Ländern, in denen der Lebensstandard bereits relativ hoch ist, also in den USA, in Schweden und in der Bundesrepublik Deutschland, wendet sich die Nachfrage der Verbraucher zunehmend den Heim- und Haustextilien zu. Dagegen blieb in Italien das Wachstum der Ausgaben für Heim- und Haustextilien weit hinter demjenigen für Bekleidung zurück — vor allem bedingt durch die Tatsache, daß im italienischen Haushalt der Teppich klimabedingt eine untergeordnete Rolle spielt.

Veränderungen der *Preisrelationen* können sich in zweifacher Weise auf den Bekleidungsverbrauch auswirken. Einerseits wird durch eine Preisveränderung irgendeines der in den Bedarfskreis fallenden Güter die für die übrigen Güter verbleibende Kaufkraft verändert, und andererseits können Preisveränderungen bewirken, daß die Konsumenten von dem relativ verteuerten Gut weniger und von dem relativ verbilligten Gut mehr nachfragen.

Die Preisentwicklung bei Bekleidungserzeugnissen war in den meisten der untersuchten Länder in den fünfziger und sechziger Jahren durch ein Zurückbleiben hinter der allgemeinen Preisentwicklung gekennzeichnet (vgl. Tabelle A 13). Seit Anfang der siebziger Jahre stiegen jedoch die Preise für Bekleidung im selben Maße oder sogar schneller an als jene für die gesamte Lebenshaltung; in den USA und Kanada war eine derartige Entwicklung schon seit Mitte der sechziger Jahre zu beobachten gewesen.

III. Bisherige Ansätze zur Analyse des privaten Textilverbrauchs

1. Analysemethoden und Modelle

Ziel der vorliegenden Untersuchung ist die Analyse der langfristigen Entwicklung des Textilverbrauchs in der Vergangenheit sowie dessen Vorausschätzung bis 1980 bzw. 1985. An dieser Zielsetzung hat sich die Wahl der anzuwendenden Analysemethode zu orientieren. Die hierfür geeignete Methode ist die mit Zeitreihendaten arbeitende Regressionsanalyse. Mit Hilfe dieser Analysemethode läßt sich für einen bestimmten Zeitraum die Beziehung zwischen einer abhängigen und einer oder mehreren unabhängigen Variablen in Form einer Funktion darstellen. Beinhaltet eine derartige Funktion lediglich die abhängige Variable, also den Textilverbrauch, und *eine* unabhängige Variable, z. B. das Einkommen, so bedeutet dies nicht, daß alle sonstigen Faktoren vernachlässigt werden. Vielmehr werden innerhalb einer Regressionsanalyse mit Zeitreihendaten *alle* Einflußfaktoren simultan erfaßt, gleichgültig ob sie explizit berücksichtigt sind oder nicht.

Die Regressionsanalyse auf der Basis von Zeitreihendaten unterscheidet sich wesentlich von der Analyse mit Querschnittsdaten, die eine isolierte Erfassung einzelner Einflußfaktoren in einem bestimmten Zeitpunkt bzw. eng begrenzten Zeitraum ermöglicht. Mit Hilfe einer derartigen Analyse läßt sich beispielsweise der Einfluß der Alters- und Geschlechtsstruktur, der Berufsstruktur oder der Haushaltsgröße auf den Textilverbrauch bestimmen, und zwar bei Konstanz aller übrigen Einflußfaktoren (ceteris paribus-Bedingung). Grundlage von Analysen mit Querschnittsdaten sind im allgemeinen Einkommens- und Verbrauchsstichproben, die von den Statistischen Ämtern in mehrjährigen Abständen vorgenommen werden. Die Ergebnisse solcher Erhebungen können für die langfristige Analyse der Entwicklung des Textilverbrauchs — die sich auf die Zeitreihendaten stützt — als ergänzende Informationen herangezogen werden.

Eine Kombination zwischen beiden Analysemethoden erlauben jene Daten, die auf Wirtschaftsrechnungen von privaten Haushalten basieren. Diese Daten haben den Vorteil, daß sie laufend erhoben werden; andererseits umfassen die Erhebungen im allgemeinen nur wenige Haushaltstypen, die für die Gesamtheit der Haushalte nicht immer repräsentativ sind. Gleichwohl gestattet die Auswertung der laufenden Wirtschaftsrechnungen, Änderungen in der Ausgabenstruktur bestimmter Haushaltstypen über einen längeren Zeitraum sichtbar zu machen (Analyse von Zeitreihendaten). Diese Strukturverschiebungen können für mehrere Haushaltstypen gegenübergestellt werden (Analyse von Querschnittsdaten); die ceteris paribus-Bedingung lautet dann, daß sich die Stellung des einzelnen Haushaltstyps innerhalb der Einkommenspyramide im Zeitablauf nicht oder nur wenig ändert.

Auf der Basis von Zeitreihen können zwei Arten von Modellen konstruiert werden, nämlich statische und dynamische Modelle. Im statischen Modell wird die abhängige Variable des Zeitraums t durch die unabhängigen Variablen des gleichen Zeitraums erklärt. Eine statische Konsumfunktion hat folgendes Aussehen:

$$C_t = f\,(Y_t, p_t, D_t).$$

Die Symbole bedeuten:

C_t = Pro-Kopf-Verbrauch von Textilien[1] im Zeitraum t
Y_t = Pro-Kopf-Einkommen[1] im Zeitraum t
p_t = Preisrelation im Zeitraum t
D_t = Bedarfsstruktur im Zeitraum t

In diese statische Konsufunktion kann noch eine Trendvariable t aufgenommen werden; dies ändert jedoch grundsätzlich nichts an dem statischen Charakter des Modells, da auch hier zwei Variable des *gleichen* Zeitraums zueinander in Beziehung gesetzt werden.

Aufgrund der Tatsache, daß Textilien im allgemeinen nicht nur in jener Periode genutzt werden, in der sie gekauft werden, erscheint es angebracht, die Konsumfunktion zu dynamisieren. Dies kann dadurch geschehen, daß eine Größe für den Bestand an Textilien bei den Verbrauchern eingeführt wird. Dadurch wird dem zeitlichen Ablauf des wirtschaftlichen Prozesses Rechnung getragen. Die Konsumfunktion lautet dann

$$C_t = f\,(Y_t, p_t, D_t, S_{t(1)}),$$

wobei $S_{t(1)}$ für den Bestand an Textilien zu Beginn des Zeitraums t steht.

Die Bestandsvariable $S_{t(1)}$ kann auf zweifache Weise interpretiert werden[2]. Zum einen stellt sie einen physischen Bestand dar. In diesem Fall

---

[1] Stellt man auf Pro-Kopf-Größen ab, so erübrigt sich eine explizite Berücksichtigung des Bestimmungsfaktors „Bevölkerung" in der Konsumfunktion. Die Einführung von Pro-Kopf-Größen erlaubt es, Vergleiche zwischen Ländern mit unterschiedlichem Verbrauchsniveau durchzuführen.

[2] Vgl. L. F. Ward, G. A. King, Interfiber Competition with Emphasis on Cotton: Trends and Projections to 1980, herausgegeben von U. S. Department of Agriculture, Economic Research Service, Washington, D. C., Dezember 1973, S. 8.

werden die Käufe des in Frage stehenden Gutes um so geringer sein, je größer der Bestand ist. $S_{t(1)}$ kann aber auch als „psychologischer“ Bestand erklärt werden. Dieser Bestand ist beispielsweise vom Modewechsel oder von der Änderung der Lebensgewohnheiten abhängig. Beschleunigen sich diese Änderungstendenzen, so veraltet der Bestand schneller bzw. die Verbraucher streben eine Erhöhung ihres Bestandes an. In beiden Fällen führt dies zu vermehrten Käufen des betrachteten Gutes.

Es ist möglich, die Konsumfunktion auch auf andere als die oben dargestellte Weise zu dynamisieren, beispielsweise indem die Ausgaben für Textilien in Abhängigkeit vom Einkommen der Vorperiode (Y_{t-1}) oder der erwarteten Einkommensentwicklung (Y_{t+1}) dargestellt werden. Die Konsumfunktion wäre dann z. B. folgendermaßen zu schreiben:

$$C_t = f\,(Y_{t-1}, p_t, D_t, S_{t(1)}).$$

2. Empirische Untersuchungen

Voraussetzung für die Analyse des Textilverbrauchs auf der Basis von Zeitreihendaten ist es, daß diese Daten für einen genügend langen Zeitraum (im allgemeinen mindestens zehn Jahre) vorliegen. Diese Bedingung ist bei der abhängigen Variablen, also in diesem Falle dem Textilverbrauch, meist nur für die Nachfrage der privaten Haushalte, und hier wiederum nur für den Bereich „Bekleidung“ erfüllt. Von den Bestimmungsfaktoren des Bekleidungsverbrauchs der privaten Haushalte lassen sich die Bevölkerung, das Einkommen sowie die Preisrelation in ihrer zeitlichen Entwicklung anhand statistischer Unterlagen verfolgen. Die auf die Bedarfsstruktur der privaten Haushalte einwirkenden Faktoren entziehen sich jedoch häufig einer statistischen Erfassung. Dies gilt insbesondere für die Intensität des Modebewußtseins, die Werbeintensität und -wirksamkeit sowie die Änderung der Lebensgewohnheiten. Über andere Faktoren, wie den technischen Fortschritt, Substitutionsprozesse, die Einkommensverteilung sowie die Alters- und Geschlechtsstruktur der Bevölkerung liegen zwar statistische Detailinformationen vor, jedoch ist es teilweise schwierig, sie in die für die Konstruktion eines Modells benötigte Form (ein einziger Maßausdruck für die Kennzeichnung des jeweiligen Bestimmungsfaktors) zu transformieren. Beispiele für solche Transformationen sind Pareto's α als Maßausdruck für die personelle Einkommensverteilung oder das Verhältnis des männlichen zum weiblichen Bevölkerungsteil als Maßausdruck für die Geschlechtsstruktur.

Empirische Untersuchungen über die Messung des Einflusses bestimmter Faktoren auf die Textilnachfrage lassen sich nach zwei Gesichtspunkten klassifizieren, und zwar nach

— der Zahl der berücksichtigten Bestimmungsfaktoren
— und dem Charakter des Modells (statisch-dynamisch).

In der Literatur finden sich wegen des Mangels an geeigneten statistischen Informationen nur wenige Versuche, die Entwicklung des Textilverbrauchs durch Modelle mit mehreren Variablen zu erklären. Im folgenden werden solche Modelle kurz dargestellt. Diese sind dadurch charakterisiert, daß sie neben dem Einkommen noch einen oder mehrere Einflußfaktoren explizit enthalten.

Das Internationale Woll-Sekretariat (IWS) hat — aufbauend auf einem dynamischen Modell von Houthakker-Taylor — versucht, den Einfluß von Einkommensänderungen und Veränderungen in den Verbraucherbeständen auf die Nachfrage nach Bekleidung zu analysieren[3]. Da die Veränderung der Verbraucherbestände unmittelbar nicht meßbar ist, wird diese auf mittelbarem Wege aus der Differenz zwischen den Ausgaben für Bekleidung und dem tatsächlichen Verbrauch abgeleitet, wobei unterstellt wird, daß der Verbrauch eine Funktion der Verbraucherbestände ist. Das IWS kommt für acht Länder zu dem zu erwartenden Ergebnis, daß eine Zunahme der Bestände (bei Konstanz aller übrigen Faktoren) eine verringerte Nachfrage nach Bekleidung zur Folge hat; das Vorzeichen des Koeffizienten für die Verbraucherbestände ist also negativ (vgl. Tabelle 2). Der niedrigste Koeffizient ergibt sich für die USA, was darauf hindeutet, daß in diesem Land die Verbraucherbestände nur wenig Einfluß auf die Ausgaben für Bekleidung ausüben. Damit in Einklang steht die hohe Abnahmerate der Verbraucherbestände in den USA, die Ausdruck einer niedrigen Nutzungsdauer der Bekleidungsartikel und sich relativ schnell ändernder Bekleidungsgewohnheiten ist. Den Verhältnissen in den USA am nächsten kommt Japan, während in den europäischen Ländern — der genannten Untersuchung zufolge — die Lebensdauer der Bekleidungsartikel wesentlich höher anzusetzen ist.

Ward und King haben ebenfalls auf der Basis eines Houthakker-Taylor-Modells den Textilverbrauch analysiert. Sie testeten zwei Ansätze in einen Ansatz gingen das Einkommen sowie die Verbraucherbestände ein, in einem zweiten Ansatz berücksichtigten sie zusätzlich die Preise für Bekleidung. Hinsichtlich des Einflusses der Verbraucherbestände auf die Nachfrage nach Textilien kommen sie zu ähnlichen Ergebnissen wie das IWS: Der Koeffizient für die Verbraucherbestände hat ein negatives Vorzeichen (vgl. Tabelle 3). Die Abnahmerate der Verbraucherbestände

---

[3] Vgl. N. Tuckwell, P. Birch, An Econometric Study of Clothing Expenditure, herausgegeben von Economics (Studies) Section, Economics & Operations Research Group, International Wool Secretariat, August 1972, S. 5 ff. Anstelle des Einkommens benutzten Tuckwell und Birch die gesamten Verbraucherausgaben.

Tabelle 2

Ergebnisse des Houthakker-Taylor-Modells zur Erklärung der Ausgaben für Bekleidung
(Analyse auf der Basis von Daten des Zeitraums 1949-1970)

Land	Wert des Koeffizienten der Verbraucherbestände[a]	Jährliche Abnahmerate der Verbraucherbestände in %[b]
USA	- 0,046	39,5
Japan	- 0,087	35,4
Vereinigtes Königreich	- 0,167	27,4
Bundesrepublik Deutschland	- 0,210	23,1
Frankreich	- 0,291	14,9
Italien	- 0,240	20,0
Belgien	- 0,337	10,3
Niederlande	- 0,286	15,4

a) Der Wert des Regressionskoeffizienten zeigt die Richtung (Vorzeichen) und die Stärke (absoluter Betrag) des Einflusses an, den die Höhe der Verbraucherbestände an Bekleidung auf die Ausgaben für Bekleidung ausübt. - b) %-Anteil der jeweiligen Verbraucherbestände an Bekleidungsartikeln, die jährlich aus der Nutzung ausscheiden.

Quelle: N. Tuckwell, P. Birch, An Econometric Study of Clothing Expenditure, herausgegeben von Economics (Studies) Section, Economics & Operations Research Group, International Wool Secretariat, August 1972, S. 7.

ist sowohl für Herrenbekleidung als auch für Heim- und Haustextilien niedrig, während sie für Damenbekleidung relativ hoch ist, was u. a. ein Indiz für einen schnellen Wechsel in der Damenmode sein dürfte. Die dargelegten Ergebnisse können jedoch lediglich — was selbst Ward und King betonen — als grobe Schätzungen angesehen werden; insbesondere ist der Koeffizient für die Verbraucherbestände im Modell für Damenbekleidung statistisch nicht gesichert (vgl. Tabelle 3).

Tabelle 3

Ergebnisse des Houthakker-Taylor-Modells
zur Erklärung des Textilverbrauchs in den USA
(Analyse auf der Basis von Daten des Zeitraums 1950-1968)

Güterkategorie	Ansatz	Wert des Koeffizienten a) für Preis-relation	Einkommen	Verbraucher-bestände an Bekleidung	Jährliche Abnahmerate der Verbraucherbestände in % b)
Herrenbekleidung	A	0,6124*	0,0545	-1,7240	2,06
	B	-	0,0310	-0,0791	10,95
Damenbekleidung	A	-0,5050*	0,0564	-0,3140*	140,92
	B	-	0,0595	-0,4269*	113,77
Heim- und Haustextilien	A	0,1029*	0,0423	-0,1131	-4,65
	B	-	0,0504	-0,1367	11,63

Erklärung der Symbole: Ansatz A: Unabhängige Variable sind Preisrelation, Einkommen und Verbraucherbestände. - Ansatz B: Unabhängige Variable sind Einkommen und Verbraucherbestände. - * Koeffizient statistisch nicht gesichert. - a) Der Wert des Regressionskoeffizienten zeigt die Richtung (Vorzeichen) und die Stärke (absoluter Betrag) des Einflusses an, den der Bestimmungsfaktor auf die Ausgaben für Bekleidung ausübt. - b) %-Anteil der jeweiligen Verbraucherbestände an Bekleidungsartikeln, die jährlich aus der Nutzung ausscheiden.

Quelle: L.F. Ward, G.A. King, Interfiber Competition with Emphasis on Cotton: Trends and Projections to 1980, hrsg. von U.S. Department of Agriculture, Economic Research Service, Washington, D.C., Dezember 1973, S. 17.

Dem Einfluß von Veränderungen in der Bevölkerungsstruktur auf den Bekleidungsverbrauch trugen Donald, Lowenstein und Simon durch Normierung der Pro-Kopf-Ausgaben für Bekleidung Rechnung[4]. Sie bezogen diese auf sog. „clothing expenditure units“, die Veränderungen in der Bevölkerung hinsichtlich der Alters-, Geschlechts- und Berufsstruktur berücksichtigen. Auf diese Weise ist es möglich, den Einfluß dieser Faktoren auf den Bekleidungsverbrauch zu eliminieren; allerdings

[4] Vgl. R. Donald, F. Lowenstein, M. S. Simon, The Demand for Textile Fibers in the United States, herausgegeben von United States Department of Agriculture, Economic Research Service, Washington, D. C., November 1963, S. 92 ff.

läßt sich mittels dieser Vorgehensweise ihr direkter Einfluß auf den Bekleidungsverbrauch nicht feststellen. Es erhebt sich die Frage, ob die Normierung der Pro-Kopf-Ausgaben zu einer wesentlichen Verbesserung der Qualität der ökonometrischen Analyse beiträgt. Ward und King verneinen diese Frage[5]. Man wird dieser Ansicht insbesondere dann zustimmen können, wenn die zu untersuchende Periode nicht allzu lang ist, da sich die Bevölkerungsstruktur insgesamt nur relativ langsam — verglichen mit anderen Faktoren, beispielsweise der Mode — ändert.

Zu einem gleichlautenden Ergebnis kommt das IWS. Es hat in eine Funktion für die Erklärung des Bekleidungsverbrauchs als zusätzliche Variable den Anteil der 15- bis 29jährigen an der Gesamtbevölkerung eingeführt. Diesem Vorgehen liegt der Gedanke zugrunde, daß die Kauffreudigkeit der jüngeren Bevölkerungskreise hinsichtlich Bekleidung besonders groß ist. Es wäre daher zu erwarten, daß mit steigendem Anteil dieses Bevölkerungsteils der Bekleidungsverbrauch zunimmt. Die Berechnungen des IWS bestätigen diese Erwartung nur im Falle der USA. Für Japan, das Vereinigte Königreich und Frankreich hat der entsprechende Koeffizient ein negatives Vorzeichen, d. h. bei einer Zunahme des Anteils der 15- bis 29jährigen ergäbe sich — unter Zugrundelegung des betrachteten Modells — ein Rückgang des Bekleidungsverbrauchs[6].

Die ökonometrische Analyse des Einflusses von Veränderungen in den Verbraucherbeständen oder in der Bevölkerungsstruktur auf den Textilverbrauch erfaßt nur einen Teilaspekt des Bestimmungsfaktors „Bedarfsstruktur". Um den gesamten Einfluß zu erfassen, kann man eine einfache Konsumfunktion, die nur das Einkommen als unabhängige Variable enthält, durch eine Zeitvariable erweitern; es wird unterstellt, daß diese jene Veränderungen zum Ausdruck bringt, die von Modeschwankungen, Qualitätsverbesserungen, Änderungen der Lebensgewohnheiten usw. ausgehen. Die Konsumfunktion hat dann folgendes Aussehen:

$$C = f(Y, t).$$

Donald, Lowenstein und Simon haben für die Vereinigten Staaten für die Periode 1930 - 40, 1948 - 60 eine derartige (statische) Analyse der Bekleidungsausgaben vorgenommen[7]. Sie stellten fest, daß die zwei Variablen, nämlich Einkommen und Zeit, 99 % der gesamten Varianz der Bekleidungsausgaben erklären ($r^2 = 0{,}99$). Die partiellen Korrelationskoeffizienten zeigen jedoch, daß das Einkommen der bedeutendere Einflußfaktor ist (Korrelationskoeffizient für das Einkommen 0,99, für die Zeit 0,83).

[5] L. F. Ward, G. A. King, Interfiber Competition . . ., S. 11.

[6] Vgl. N. Tuckwell, P. Birch, An Econometric Study . . ., S. 9.

[7] Vgl. R. Donald, F. Lowenstein, M. S. Simon, The Demand for Textile Fibers . . ., S. 99.

Häufig wird in empirischen Analysen der Textilverbrauch in Abhängigkeit vom Einkommen und von der Preisrelation (Preisindex für Bekleidung bezogen auf Preisindex für die gesamte Lebenshaltung) dargestellt. Derartige Untersuchungen zeigen, daß die Einführung einer Preisvariablen — zusätzlich zum Einkommen — das Bestimmtheitsmaß r^2 erhöht (vgl. Tabelle 4). Ein derartiges Ergebnis ist allerdings zu erwarten, da r^2 in einer multiplen Korrelation grundsätzlich größer ist als in einer Einfachkorrelation. Zudem ist der Koeffizient der Preisvariablen oftmals statistisch nicht gesichert. Dies gilt insbesondere dann, wenn es sich um kompliziertere ökonometrische Modelle, beispielsweise um solche dynamischer Art handelt[8]. Andererseits wird bei Berücksichtigung einer Preisvariablen die Autokorrelation geringer (vgl. Durbin-Watson-Statistik in Tabelle 4).

Tabelle 4

Statistische Prüfmaße eines statischen Modells zur Erklärung des Textilverbrauchs in den USA

(Analyse auf der Basis von Daten des Zeitraums 1950-1968)

Güterkategorie	Ansatz	r^2	DW	Sicherung des Koeffizienten für die Preisrelation
Herrenbekleidung	A	0,95	1,11	ja
	B	0,75	0,25	-
Damenbekleidung	A	0,98	1,50	nein
	B	0,98	1,36	-
Heim- und Haustextilien	A	0,94	1,04	ja
	B	0,84	0,84	-

Erklärung der Symbole: Ansatz A: Unabhängige Variable sind das Einkommen und die Preisrelation; Ansatz B: Unabhängige Variable ist das Einkommen; r^2: Bestimmtheitsmaß; DW: Durbin-Watson-Statistik.

Quelle: L.F. Ward, G.A. King, Interfiber Competition with Emphasis on Cotton: Trends and Projections to 1980, hrsg. von U.S.Department of Agriculture, Economic Research Service, Washington, D.C., Dezember 1973, S. 16.

---

[8] Vgl. Tabelle 3 und die bereits zitierte Arbeit von Donald, Lowenstein und Simon, The Demand for Textile Fibers . . ., S. 97.

Würdigt man die Ergebnisse der aufgeführten empirischen Untersuchungen, so bestehen erhebliche Zweifel daran, ob die Güte eines Modells für die Erklärung des Textilverbrauchs durch die Einführung einer Preisvariablen verbessert werden kann. Weitere empirische Untersuchungen kommen zu dem Schluß, daß der Bekleidungsverbrauch auf Änderungen in den Preisrelationen nicht bzw. nur unmerklich reagiert[9].

3. Zusammenhang zwischen Einkommen und Textilverbrauch

Die empirischen Versuche zur Erklärung der langfristigen Entwicklung des Textilverbrauchs aufgrund ökonometrischer Modelle zeigen, daß die Ergebnisse im statistischen Sinne um so unsicherer werden, je komplizierter das Modell aufgebaut ist und je mehr Variable in dieses eingehen. Aus diesem Grund ist die Mehrzahl der bekannten, zur Erklärung des Textilverbrauchs herangezogenen Modelle durch statischen Charakter sowie dadurch gekennzeichnet, daß diese den Textilverbrauch in Abhängigkeit von nur einer erklärenden Variablen darstellen. Als die für die Entwicklung des Textilverbrauchs entscheidende Größe schält sich das Einkommen heraus. Die anderen Bestimmungsfaktoren, wie beispielsweise der modische Wandel, haben mehr oder weniger subsidiären Charakter. Helmstädter behauptet, daß diese „Kaufanreize vermitteln (können), sie sind jedoch als langfristige Einflußfaktoren der Textilnachfrage ohne Bedeutung. Was zählt, ist die Entwicklung des Lebensstandards oder das Pro-Kopf-Einkommen. Auf das Einkommen oder den gesamten Konsum beschränken sich denn auch alle ökonomischen Erklärungen des Textilkonsums“[10]. In zahlreichen anderen Untersuchungen (vgl. beispeilsweise in den in Tabelle 5 aufgeführten) wird die gleiche Ansicht vertreten.

Das Einkommen kann — im statistischen Sinne — die Entwicklung des Textilverbrauchs im allgemeinen ausreichend erklären. In Tabelle 5 ist für einige empirische Studien über den Zusammenhang zwischen Einkommen und Textilverbrauch das Bestimmtheitsmaß (r^2), das ein Maß für die Strammheit des Zusammenhangs darstellt, aufgeführt. Dieses Maß erreicht bei den meisten Regressionsanalysen einen Wert, der größer ist

---

[9] Vgl. beispielsweise J. Dumard, Structure et Equilibre du Marché du Textile, hrsg. von C.R.E.D.O.C., Paris, September 1967, S. 76; R. Kuster, G. Badin, Die Bekleidungsindustrie in der Europäischen Wirtschaftsgemeinschaft — Analysen und Prognosen 1975, Genf, Juli 1970, S. 67; Industrial Review to 1977 — Clothing, hrsg. von National Economic Development Office, London, Januar 1974, S. 27.

[10] Vgl. E. Helmstädter, Der Markt bestimmt die Produktion — auch in der Textilwirtschaft, in: Zeitschrift für allgemeine und textile Marktwirtschaft, Jahrgang 1974, Heft 3, S. 223. Helmstädter sieht auch bei Heimtextilien primär eine Einkommensabhängigkeit gegeben. „Der Verbrauch von Heimtextilien hängt von den Neubauten und den Wohnungsrenovierungen ab, diese sind aber ihrerseits einkommensabhängig.“

Tabelle 5

Strammheit des Zusammenhangs zwischen Textilverbrauch und Einkommen[a] in ausgewählten ökonometrischen Untersuchungen

Autor / Land	Bestimmtheitsmaß (r^2)	Zeitraum / Güterkategorie
Pattis		Zeiträume: 1950 - 1964 und 1958 - 1964
BR Deutschland	0,9801; 0,9801	Güterkategorie: Bekleidung (einschl. Schuhe)
Frankreich	1,0000; 0,9801	
Italien	0,9409; 0,9801	
Niederlande	0,9025; 0,9604	
Belgien	0,9409; 0,9604	
Verein. Königreich	0,9025; 0,9604	
Irland	0,9025; 0,9025	
Dänemark	0,3969; 0,9409	
Schweden	0,8836; 0,9409	
USA	0,9396; 0,9604	
Kanada	0,7569; 0,7225	
Japan	0,9216; 0,9801	
Lösch		Zeitraum: 1954 - 1964
BR Deutschland	0,9846	Güterkategorie: Textilumsätze des Einzelhandels
Ekström und Lundberg		Zeitraum: 1949 - 1965
Schweden	0,8649	Güterkategorie: Bekleidung
Kurth		Zeitraum: 1954 - 1966
BR Deutschland	0,9720	Güterkategorie: Bekleidung (einschl. Schuhe)
Frankreich	0,9870	
Italien	0,9807	
Niederlande	0,9407	
Belgien	0,9671	
Verein. Königreich	0,9789	
Ward und King		Zeitraum: 1950 - 1968
USA	0,75; 0,98; 0,84	Güterkategorien: Herrenbekleidung, Damenbekleidung, Haus- und Heimtextilien

a) Textilverbrauch und Einkommen in konstanten Preisen und Pro-Kopf.

Quelle: P. Pattis, Die Märkte für Textilien, Zürich und St. Gallen 1969, S. 202 f.; H. P. Lösch, Gegenwärtige und zukünftige Entwicklungstendenzen der inländischen Textilnachfrage, in: Textilwirtschaft im Strukturwandel, hrsg. von W. G. Hoffmann, Tübingen 1966, S. 284; J. Ekström, S. Lundberg, Beklädnadskonsumtionen — Ny analys och prognos för 1975, Stockholm 1967, S. 64; W. Kurth, Langfristige Prognosen des Textilverbrauchs in einigen Ländern, Köln und Opladen 1970, S. 33; L. F. Ward, G. A. King, Interfiber Competition with Emphasis on Cotton — Trends and Projections to 1980, hrsg. von U. S. Department of Agriculture, Economic Research Service, Washington, D. C., December 1973, S. 16.

als 0,90, häufig liegt er sogar über 0,95. Dies bedeutet, daß das Einkommen im allgemeinen etwa 90 bzw. 95 % der Varianz der Werte des Textilverbrauchs erklärt. Wo dies nicht der Fall ist, ist dies auf atypische Entwicklungen (z. B. Rückläufigkeit des Textilverbrauchs in Dänemark in den ersten Nachkriegsjahren, siehe Tabelle 5, Untersuchung von Pattis) oder auf eine relativ tiefe Disaggregation des Textilverbrauchs, die Sondereinflüsse stärker hervortreten läßt, zurückzuführen (z. B. Herrenbekleidung in den USA, 1950 bis 1968, siehe Tabelle 5, Untersuchung von Ward und King).

Untersuchungen des Ifo-Instituts über den Zusammenhang zwischen Einkommen und Textilverbrauch in der BR Deutschland ergaben ebenfalls ein Bestimmtheitsmaß mit Werten von über 0,95. Als besonders stramm erwies sich die Korrelation zwischen dem Einkommen und den Ausgaben für Bekleidung (einschl. Schuhe) auf der Basis einer halblogarithmischen Funktion für den Zeitraum 1960 bis 1973 mit einem Wert von 0,9939 für das Bestimmtheitsmaß[11].

Die bisherigen empirischen Untersuchungen bestätigen, daß das Einkommen der wichtigste Bestimmungsfaktor des privaten Textilverbrauchs ist. Die grundlegende Frage ist also, wie sich der Textilverbrauch im Verhältnis zum Einkommen *langfristig* entwickelt. Es stellt sich also die Frage nach der Höhe des Elastizitätskoeffizienten[12]. Hierüber liegen bereits zahlreiche Untersuchungen vor (vgl. Tabelle 6). Aus diesen ist ersichtlich, daß der Wert des Elastizitätskoeffizienten in den ersten Jahren nach dem Zweiten Weltkrieg in der Mehrzahl der Länder steigende Tendenz zeigt und teilweise über 1 liegt. Seit Mitte der sechziger und in den frühen siebziger Jahren ist in vielen Ländern ein Sinken des Werts des Elastizitätskoeffizienten auf < 1 festzustellen, d. h. der Textilkonsum stieg — im Vergleich zum Einkommen — nur noch unterdurchschnittlich. Besonders deutlich läßt sich diese Entwicklung des Elastizitätskoeffizienten anhand der Berechnungen von NEDO für das Vereinigte Königreich feststellen (vgl. Tabelle 6). Zu ähnlichen Ergebnissen kam das Ifo-Institut für die BR Deutschland. Es zeigte sich, daß die Einkommenselastizität des Textilverbrauchs in der Phase des Nachholbedarfs, also bis Mitte der fünfziger Jahre, nahe bei 1 lag. Für den Zeitraum 1950 bis 1959 errechnete sich eine durchschnittliche Einkommenselastizität

[11] Vgl. M. Breitenacher, Textilindustrie, 2. Auflage, Berlin-München 1971, S. 139, sowie Die Bekleidungsindustrie aus der Sicht der siebziger Jahre, Berlin - München 1975, S. 164.

[12] Dieser ist definiert als das Verhältnis von relativer Änderung des Textilverbrauchs zu relativer Änderung des Einkommens. Nimmt der Textilverbrauch schneller als das Einkommen zu, so ist der Wert des Elastizitätskoeffizienten > 1, im umgekehrten Fall ergibt sich ein Wert von < 1. Wachsen Textilverbrauch und Einkommen gleich schnell, so beläuft sich der Wert des Elastizitätskoeffizienten auf 1.

Tabelle 6

Einkommenselastizität des Textilverbrauchs in ausgewählten ökonometrischen Untersuchungen

Autor / Land	Elastizitäts-koeffizient	Zeitraum / Güterkategorie
Lösch		Zeiträume: 1950 - 1964 und 1954 - 1964.
BR Deutschland	0,769; 0,793	Güterkategorie: Textilumsätze des Einzelhandels
Pattis		Zeiträume: 1950 - 1964 und 1958 - 1964
BR Deutschland	0,81; 1,01	Güterkategorie: Bekleidung (einschl. Schuhe)
Frankreich	1,03; 1,07	
Italien	0,62; 0,72	
Niederlande	0,94; 1,29	
Belgien	1,35; 1,69	
Verein. Königreich	0,92; 0,73	
Irland	0,92; 1,01	
Dänemark	0,37; 1,05	
Schweden	0,72; 0,77	
USA	0,51; 0,97	
Kanada	0,33; 0,21	
Japan	1,26; 1,12	
Ekström und Lundberg		Zeiträume: 1931 - 1955 und 1949 - 1965
Schweden	1,38; 1,01	Güterkategorie: Bekleidung
Kurth		Zeitraum: 1954 - 1966
BR Deutschland	0,720;	Güterkategorie: Bekleidung (einschl. Schuhe)
Frankreich	1,071;	
Italien	0,950;	
Niederlande	1,119;	
Belgien	1,757;	
Verein. Königreich	0,717;	
NEDO		Zeiträume:
Verein. Königreich	4,80;	1947 - 1952
	1,58;	1952 - 1957
	0,88;	1957 - 1962
	0,83;	1962 - 1967
		Güterkategorie: Bekleidung
Ward und King		Zeitraum: 1950 - 1968
USA	0,65; 1,03; 1,15	Güterkategorien: Herrenbekleidung, Damenbekleidung, Haus- und Heimtextilien

Fortsetzung nächste Seite

Tabelle 6 (Fortsetzung)

Einkommenselastizität des Textilverbrauchs in ausgewählten ökonometrischen Untersuchungen

Autor / Land	Elastizitätskoeffizient	Zeitraum / Güterkategorie
N.N.		Zeiträume: 1952 - 1960
Italien	0,354;	1960 - 1968
	0,874;	und 1952 - 1968
	0,536;	Güterkategorie: Bekleidung
Kuster und Badin		Zeitraum: 1958 - 1968
BR Deutschland	0,83;	Güterkategorie: Bekleidung
Frankreich	0,79;	
Italien	0,89;	
Niederlande	0,74;	
Belgien	0,77;	
Strothmann		Zeitraum: 1954 - 1969
BR Deutschland	0,65;	Güterkategorie: Textilumsätze des Einzelhandels
NEDO		Zeiträume: 1963 - 1971
Verein. Königreich	0,97; 1,14; 0,65	1963 - 1968
		und 1968 - 1971
		Güterkategorie: Bekleidung

Quelle: H. P. Lösch, Gegenwärtige und zukünftige Entwicklungstendenzen der inländischen Textilnachfrage, in: Textilwirtschaft im Strukturwandel, hrsg. von W. G. Hoffmann, Tübingen 1966, S. 277; P. Pattis, Die Märkte für Textilien — Typische langfristige Entwicklungstendenzen als Grundlage für Prognosen, Zürich und St. Gallen 1969, S. 202 f.; J. Ekström und S. Lundberg, Beklädnadskonsumtionen — Ny analys och prognos för 1975, Stockholm 1967, S. 134; W. Kurth, Langfristige Prognose des Textilverbrauchs in einigen europäischen Ländern, Köln und Opladen 1970, S. 32; National Economic Development Office (NEDO), Your Future in Clothing, London 1970, S. 95 und Clothing-Industrial Review 1977, London 1974, S. 86; L. F. Ward und G. A. King, Interfiber Competition with Emphasis on Cotton: Trends and Projections to 1980, U. S. Department of Agriculture, Economic Research Service, Washington, D. C., December 1973, S. 16 ff.; N. N., Le Prospettive dell' Industria Tessile Italiana, Milano 1971, S. 61; R. Kuster und G. Badin, Die Bekleidungsindustrie in der Europäischen Wirtschaftsgemeinschaft — Analyse und Prognose 1975, Band I, Genf 1970, S. 63; H. Strothmann, Der Energieverbrauch in der westdeutschen Textilindustrie und seine zukünftige Entwicklung, Schriften zur Textilwirtschaft, Band 14, Münster 1972, S. 135.

von 0,856. Für die sechziger Jahre belief sich dagegen der Wert des Elastizitätskoeffizienten auf 0,687[13].

Anhand der Entwicklung der Ausgaben für Bekleidung in etwa 30 Ländern unterschiedlichen Entwicklungsstands stellte Pattis folgende These für den Zusammenhang zwischen Bekleidungsverbrauch und Einkommen auf[14]: Der Bekleidungsverbrauch wächst bei niedrigem Einkommen

[13] Vgl. M. Breitenacher, Textilindustrie, S. 139.

[14] Vgl. P. Pattis, Die Märkte für Textilien, S. 208.

zunächst überproportional, dann proportional mit dem Einkommen. Bei weiter steigendem Einkommen nehmen die Ausgaben für Bekleidung nur noch unterproportional zu, während sie bei relativ hohem Einkommen wiederum proportional ansteigen. Pattis gibt, wie aus Tabelle 7 hervorgeht, die Einkommensgrenzen an, innerhalb derer der Wert des Elastizitätskoeffizienten größer, gleich oder kleiner 1 ist.

Der These von Pattis kann insoweit zugestimmt werden, als sie mit steigendem Wohlstand ein Sinken des Elastizitätskoeffizienten unterstellt. An der Behauptung, daß sich die Einkommenselastizität in Ländern mit relativ hohem Wohlstand wiederum dem Wert 1 nähert, bestehen jedoch erhebliche Zweifel. Träfe nämlich die These zu, so würde dies bedeuten, daß die Bezieher hoher Einkommen den Anteil des Einkommens, der für Bekleidung ausgegeben wird, konstant halten. Diese These widerspricht jedoch der Erfahrung, wonach die Einkommenselastizität der Ausgaben für jene Güter sinkt, die bereits längere Zeit auf dem Markt sind. Nun kann kein Zweifel daran bestehen, daß Bekleidung dieser Kategorie von Gütern zuzurechnen ist. Zwar hat sich die Bekleidung ständig neue Märkte erschlossen (z. B. Sport- und Freizeitkleidung) und ihr Erscheinungsbild unterliegt einem ständigen Wandel, der laufend neue Nachfrage erzeugt. Andererseits ist jedoch zu berücksichtigen, daß die Kreierung völlig neuer Produkte in der Herstellung von Bekleidung wesentlich niedriger ist als in anderen Branchen und der Einfluß der Mode auf den Bekleidungsverbrauch weniger stark ist als vielfach angenommen wird.

Vergegenwärtigt man sich weiterhin, daß die Ausgaben für Bekleidung zum Teil einen Grundbedarf — ähnlich wie jene für Nahrungsmittel — befriedigen, so spricht vieles dafür, daß deren Wachstum hinter der Entwicklung der Ausgaben für jene Bedürfnisse zurückbleibt, die in den vergangenen Jahren erheblich an Bedeutung gewonnen haben (z. B. Erholung, Freizeit usw.). Dies würde bedeuten, daß der Elastizitätskoeffizient der Ausgaben für Bekleidung auch bei sehr hohen Einkommen unter 1 liegt.

Die These von Pattis ist unter einem „historischen" Blickwinkel zu sehen. Pattis standen für seine Berechnungen nur Daten bis 1964 zur Verfügung. Aus der Tatsache, daß in den USA von 1960 bis 1964 der Anteil der Ausgaben für Bekleidung am persönlichen verfügbaren Einkommen nicht mehr abnahm — wie in den fünfziger Jahren (vgl. Tabelle A 14) — schloß Pattis, daß der Elastizitätskoeffizient des Bekleidungsverbrauchs bei sehr hohem Einkommen wieder auf 1 ansteigt. Die Entwicklung in den USA war jedoch dadurch gekennzeichnet, daß der genannte Anteilswert bis 1966 anstieg, seitdem jedoch tendenziell wieder abnahm.

Tabelle 7

Wert der Elastizität des Bekleidungsverbrauchs in Abhängigkeit von der Höhe des Einkommens

Persönlich verfügbares Einkommen pro Kopf in US-Dollar zu Preisen von 1958	Wert des Elastizitätskoeffizienten
bis 400	> 1
400 bis 900	1
900 bis 2000	< 1
2000 und mehr	1

Quelle: P. Pattis, Die Märkte für Textilien - Typische langfristige Entwicklungstendenzen als Grundlage für Prognosen, Zürich und St. Gallen 1969, S. 208 f.

Pattis ließ sich also bei der Aufstellung seiner These offenbar von der Entwicklung der ihm zur Verfügung stehenden neuesten Daten beeinflussen. Er glaubte, aus der Entwicklung dieser Daten auf einen Wandel im Verbraucherverhalten schließen zu können. Auf diesen Gesichtspunkt weist de Bandt hin. Seiner Ansicht nach kann aus der erheblichen Expansion des Textilverbrauchs in der Zeit zwischen 1961 und 1966 nicht auf eine Erhöhung der Einkommenselastizität geschlossen werden, und zwar insbesondere aus folgenden Gründen[15]:

— Die Expansion der Textilnachfrage im genannten Zeitraum fiel in eine Phase der Hochkonjunktur der amerikanischen Wirtschaft.

— Die Einkommenselastizität der Textilnachfrage weist kurzfristig erhebliche Schwankungen auf.

Vor allem dieser zweite Gesichtspunkt ist von besonderer Bedeutung. Darin kommt die bekannte Tatsache zum Ausdruck, daß die Nachfrage nach Textilien auf konjunkturelle Schwankungen des Einkommens stärker reagiert als die Nachfrage nach anderen Gütern des privaten Verbrauchs. So gibt beispielsweise Dumard die kurzfristige zeitliche Einkom-

[15] Vgl. de Bandt, Die Textilindustrie der EWG — Analyse und Aussichten (1975), Bericht für die Kommission der Europäischen Gemeinschaften, Januar 1969, S. 64.

menselastizität[16] der Ausgaben für Bekleidung in Frankreich im Zeitraum 1951 bis 1965 mit 1,5 an[17], Kuster und Badin beziffern sie (ebenfalls für Frankreich und den Zeitraum 1949 bis 1965) auf 1,8[18]. Diese Werte liegen erheblich über jenen für die langfristige zeitliche Einkommenselastizität. Auch die für die USA vorliegenden Daten zeigen einen erheblichen wertmäßigen Unterschied zwischen langfristiger und kurzfristiger Einkommenselastizität (vgl. Tabelle 8).

Tabelle 8

Wert der zeitlichen Einkommenselastizität[a)] des Textilverbrauchs in den USA im Zeitraum 1950 bis 1968

Güterkategorie	kurzfristige Elastizität[b)]	langfristige Elastizität
Herrenbekleidung	2,27	+ 0,75
Damenbekleidung	1,31	+ 1,07
Heim- und Haustextilien	1,94	+ 1,36

a) Definition der zeitlichen Einkommenselastizität siehe Fußnote 16 Kap. III. - b) Absolute Werte.

Quelle: F. Ward, G.A. King, Interfiber Competition with Emphasis on Cotton: Trends and Projections to 1980, U.S. Department of Agriculture, Economic Research Service, Washington, D.C., Dezember 1973, S. 18.

Die vorstehenden Ausführungen zeigen, daß aus einer konkreten Situation heraus — z. B. jener in den USA in der ersten Hälfte der sechziger Jahre — nicht auf die langfristige Entwicklung der Einkommens-

[16] Man kann unterscheiden zwischen zeitlicher und momentaner Einkommenselastizität. Die zeitliche Einkommenselastizität bezieht sich auf einen Zeitraum und wird aus den Daten einer Zeitreihe errechnet. Die momentane Einkommenselastizität bezieht sich auf einen Zeitpunkt bzw. einen kurzen Zeitraum und wird aus den Daten einer Verbrauchsstichprobe errechnet. Die zeitliche Einkommenselastizität läßt sich als Durchschnitt für einen Zeitraum (langfristige zeitliche Elastizität) oder als Wert für einzelne Jahre (kurzfristige zeitliche Elastizität) darstellen. Problem der vorliegenden Studie ist die Entwicklung der langfristigen zeitlichen Elastizität.

[17] Vgl. J. Dumard, Structure et Equilibre du Marché Textile, S. 72.

[18] Vgl. R. Kuster, G. Badin, Die Bekleidungsindustrie ..., S. 66.

elastizität des Bekleidungsverbrauchs geschlossen werden kann. Auch können die Verhältnisse in einem bestimmten Land nicht auf andere Länder übertragen werden. So ist z. B. in den USA das Verbraucherverhalten durch eine schnelle Akzeptanz neuer Bekleidungsformen gekennzeichnet, was zur Folge hat, daß die Bekleidungsstücke relativ schnell veralten (vgl. Tabelle 2). Es ist jedoch nicht damit zu rechnen, daß der europäische Verbraucher in absehbarer Zukunft ein ähnliches Verhalten wie der amerikanische an den Tag legen wird. Allenfalls in Japan könnten sich die Verhältnisse jenen in den USA annähern.

IV. Analyse des Bekleidungsverbrauchs in den zu untersuchenden Ländern

1. Bemerkungen zum statistischen Material

Aufbauend auf den Überlegungen im vorhergehenden Kapitel wird im folgenden der Textilverbrauch der privaten Haushalte in Abhängigkeit vom Bestimmungsfaktor „Einkommen“ analysiert. Es ist zunächst zu prüfen, welche Daten für eine derartige Analyse verwendet werden können.

Die Nachfrage der privaten Haushalte nach Textilien läßt sich im allgemeinen nicht exakt bestimmen. Der Umsatz des Einzelhandels mit Textilien, der nahezu den gesamten Textilverbrauch der privaten Haushalte repräsentiert (mit Ausnahme der Direktkäufe beim Großhandel und bei der Industrie), wird nur in wenigen der zu untersuchenden Länder erhoben. Demgegenüber erstrecken sich zwar die Verbrauchszahlen der Wirtschaftsrechnungen der privaten Haushalte, die für mehrere Länder vorliegen, auf sämtliche Bereiche des privaten Textilverbrauchs; da die Daten der Wirtschaftsrechnungen jedoch nur für bestimmte Einkommensgruppen festgestellt werden, geben sie kein hinreichend repräsentatives Bild des Textilverbrauchs. Geeignete statistische Unterlagen über die Entwicklung der Textilnachfrage der privaten Haushalte liegen nur für den Bereich der Bekleidungstextilien vor. Diese im Rahmen der Volkswirtschaftlichen Gesamtrechnung ermittelten Daten enthalten zwar nicht die Ausgaben für Heim- und Haushaltstextilien; sie schließen zudem die Käufe von Schuhen mit ein[1]. Andererseits haben diese Daten den Vorteil, daß sie für sämtliche zu untesuchenden Länder nach weitgehend einheitlichen Kriterien abgegrenzt und demnach vergleichbar sind[2]. Sie wurden deshalb der Analyse zugrunde gelegt.

Als Maß für das Einkommen wurde das persönlich verfügbare Einkommen der privaten Haushalte (einschl. privater Organisationen ohne Erwerbscharakter) ohne nicht entnommene Gewinne herangezogen. Im einzelnen umfaßt dieses Einkommen das Nettoeinkommen aus unselbständiger Arbeit, das Nettoeinkommen aus Unternehmertätigkeit und

---

[1] Der Anteil der Schuhe an den Ausgaben für Bekleidung und Schuhe insgesamt beläuft sich in den einzelnen Ländern auf 10 bis 20 %.

[2] Diese Daten werden von der OECD in der Reihe „National Accounts of OECD Countries“ veröffentlicht.

Vermögen ohne nicht entnommene Gewinne sowie die laufenden Übertragungen vom Staat nach der Besteuerung.

Der Analyse sind die Werte des Bekleidungsverbrauchs und des Einkommens jeweils in konstanten Preisen zugrunde gelegt. Damit geht jedoch in die Analyse ein Moment der Unsicherheit ein, sind doch die Preisindices in den einzelnen Ländern, insbesondere wegen ihrer unterschiedlichen Anpassung an strukturelle Veränderungen, von höchst ungleicher Qualität. Um einen internationalen Größenvergleich durchführen zu können, wurden die in Landeswährung ausgewiesenen Werte der Bekleidungsausgaben und des Einkommens auf eine einheitliche Währungsbasis (US-$) umgerechnet (vgl. Tabellen A 15 und A 16). Grundsätzlich gilt für derartige Vergleiche, daß diese nur einen ungefähren Anhaltspunkt über die Größenverhältnisse zwischen einzelnen Ländern geben, und zwar in erster Linie aus folgenden Gründen: Zum einen sind die Erhebungsmethoden und die Abgrenzung des Untersuchungsgegenstandes in den in Betracht kommenden Ländern nicht immer gleich. Andererseits können sich bei einer Umrechnung mit laufenden Wechselkursen Verschiebungen in den Größenverhältnissen allein aufgrund von Paritätsänderungen ergeben. Dies kann vermieden werden, wenn die Zeitreihe der Ausgaben mit konstanten Wechselkursen umgerechnet wird.

2. Probleme der Regressionsanalyse

Obwohl die bisherigen Ansätze zur empirischen Analyse des Bekleidungsverbrauchs gezeigt haben, daß für dessen Entwicklung primär das Einkommen entscheidend ist, kann aus dieser Aussage nicht ohne weiteres geschlossen werden, daß in einer Regresionsanalyse die anderen Bestimmungsfaktoren des Bekleidungsverbrauchs zu vernachlässigen sind. Es ist nämlich denkbar, daß selbst dann, wenn ein sehr hohes Bestimmtheitsmaß und hohe Signifikanz vorliegen, die Ergebnisse von Regressionen zwischen dem Einkommen und nur einer abhängigen Größe (hier: dem Bekleidungsverbrauch) nicht brauchbar sind, da die genannten Kontrollgrößen den systematischen Schätzfehler (bias) nicht anzeigen, der dadurch entsteht, daß andere Faktoren nicht berücksichtigt werden[3]. Generell läßt sich feststellen, daß der Elastizitätskoeffizient um so höher liegt, je größer die Zahl der unabhängigen Variablen in der Regression ist. Eine Vernachlässigung derartiger Variablen bei der Schätzung von Einkommenselastizitäten wäre nur dann zu vertreten, wenn gezeigt wird, daß diese als „unwesentliche“ Erklärungsvariablen aus dem ökonomisch „vollständigen“ Ansatz eliminiert werden können.

---

[3] Vgl. D. Onigkeit, Zur Berechnung von Einkommenselastizitäten für Prognosen, in: Schweizerische Zeitschrift für Volkswirtschaft und Statistik, Heft 4/1973, S. 597 ff.

Tabelle 9

Ergebnisse einer Regressionsanalyse der Käufe von Bekleidung (einschl. Schuhe) in Abhängigkeit vom Einkommen und von der Preisrelation[a)]

- Schätzgleichung in Form einer doppellogarithmischen Funktion -

Land	Zeitraum	Regressionskoeffizienten für		t-Werte der Regressionskoeffizienten für		Bestimmtheitsmaß r^2	Durbin-Watson-Statistik
		Einkommen	Preisrelation	Einkommen	Preisrelation		
BR Deutschland	1950-1972	0,785	-0,527	23,699	-3,456	0,9957	1,127
	1960-1972	0,879	-0,074	8,684	-1,692	0,9897	1,731
Frankreich	1950-1972	0,629	-0,166	6,846	-0,697	0,9730	1,113
	1960-1972	0,739	0,062	4,689	0,116	0,9511	0,8002
Italien	1950-1972	0,850	-0,104	22,784	-0,867	0,9881	1,796
	1960-1972	0,857	-0,929	20,775	-2,046	0,9893	2,484
Niederlande	1950-1972	1,055	0,297	7,339	1,378	0,9553	1,322
	1960-1972	0,926	0,272	7,026	1,692	0,9323	1,185
Belgien	1953-1972	0,431	-0,070	2,060	-0,066	0,8412	1,173
	1960-1972	0,825	1,523	4,266	1,415	0,9401	2,222
Vereinigtes Königreich	1950-1972	0,116	-0,906	0,596	-3,217	0,9321	1,344
	1960-1972	0,965	-0,226	7,156	-1,524	0,9791	1,935
Irland	1953-1972	0,934	-0,336	5,066	-0,809	0,9336	0,776
	1960-1972	0,588	-1,895	2,732	-3,887	0,9674	2,519
Dänemark	1950-1972	0,525	-0,080	3,124	-0,387	0,7894	0,376
	1960-1972	1,160	0,151	5,693	1,108	0,9442	1,110
Schweden	1950-1972	0,155	-0,613	0,725	-1,708	0,8606	0,8296
	1960-1972	0,588	0,118	0,744	0,110	0,5373	0,6076
USA	1950-1972	0,702	0,710	11,286	2,435	0,8751	1,130
	1960-1972	1,067	-0,884	31,211	-4,987	0,9905	1,492
Kanada	1950-1972	0,801	0,080	18,043	0,494	0,9720	0,9334
	1960-1972	0,688	-1,120	28,324	-6,991	0,9916	2,339
Japan	1952-1972	0,703	-0,787	11,391	-2,744	0,9886	0,6734
	1960-1972	0,616	-0,054	54,687	-0,655	0,9985	1,868

a) Käufe von Bekleidung und Einkommen in US-$ (in Preisen und Wechselkursen von 1963); Pro-Kopf-Werte.

Um diesem Einwand zu begegnen, wurden für sämtliche zu untersuchende Länder Ansätze getestet, in die neben dem Einkommen als zusätzliche erklärende Variable die Preisrelation[4] bzw. eine Zeitvariable (als Hilfsgröße für Veränderungen in der Bedarfsstruktur) eingingen. Die Ergebnisse derartiger Regressionsanalysen zeigen, daß der Einfluß der Preisrelation bzw. der Zeitvariablen auf den Verbrauch von Beklei-

[4] Preisentwicklung der Käufe von Bekleidung (einschl. Schuhe) bezogen auf Preisentwicklung des gesamten privaten Verbrauchs.

Tabelle 10

Ergebnisse einer Regressionsanalyse der Käufe von Bekleidung (einschl. Schuhe) in Abhängigkeit vom Einkommen und von der Zeit[a)]

- Schätzgleichung in Form einer doppellogarithmischen Funktion -

Land	Zeitraum	Regressionskoeffizienten für		t-Werte der Regressionskoeffizienten für		Bestimmtheitsmaß r^2	Durbin-Watson-Statistik
		Einkommen	Zeitvariable	Einkommen	Zeitvariable		
BR Deutschland	1950-1972	0,832	0,026	12,726	0,924	0,9934	1,177
	1960-1972	0,765	0,029	12,454	2,297	0,9932	2,191
Frankreich	1950-1972	0,606	0,033	10,018	1,545	0,9753	1,064
	1960-1972	0,365	0,089	3,229	3,327	0,9767	1,344
Italien	1950-1972	0,846	0,013	15,968	0,624	0,9879	1,897
	1960-1972	0,745	0,046	8,428	2,040	0,9892	2,123
Niederlande	1950-1972	1,000	-0,052	8,676	-1,252	0,9546	0,9638
	1960-1972	0,430	0,074	2,449	1,822	0,9346	0,8947
Belgien	1953-1972	0,553	-0,033	5,805	-1,290	0,8553	1,409
	1960-1972	0,802	-0,049	6,045	-1,951	0,9501	2,160
Vereinigtes Königreich	1950-1972	0,803	-0,016	4,977	-0,511	0,8982	0,7875
	1960-1972	1,185	-0,003	6,962	-0,201	0,9744	1,520
Irland	1953-1972	1,220	-0,042	10,156	-1,484	0,9390	1,087
	1960-1972	0,900	0,079	2,552	1,368	0,9186	1,384
Dänemark	1950-1972	1,009	-0,115	10,693	-5,110	0,9080	0,6335
	1960-1972	0,750	0,033	3,931	1,350	0,9470	1,291
Schweden	1950-1972	0,571	-0,016	4,070	-0,459	0,8419	1,078
	1960-1972	-0,853	0,172	-1,974	3,232	0,7734	1,200
USA	1950-1972	1,012	-0,092	11,930	-5,155	0,9305	1,228
	1960-1972	0,823	0,032	4,991	1,136	0,9705	0,9875
Kanada	1950-1972	0,887	-0,026	16,295	-2,166	0,9770	0,9899
	1960-1972	1,016	-0,049	9,190	-2,558	0,9702	1,218
Japan	1952-1972	0,735	0,081	11,811	2,183	0,9872	0,5008
	1960-1972	0,586	0,012	25,002	1,536	0,9988	2,008

a) Käufe von Bekleidung und Einkommen in US-$ (in Preisen und Wechselkursen von 1963); Pro-Kopf-Werte.

dung in den meisten Fällen statistisch nicht gesichert ist. Der Preiseinfluß kann lediglich in 8 von 24 Regressionsansätzen, die Zeitvariable in 9 von 24 Regressionsansätzen als gesichert angesehen werden (vgl. Tabellen 9 und 10)[5]. Es ist deshalb berechtigt, die Entwicklung des Bekleidungsverbrauchs allein in Abhängigkeit vom Einkommen zu analysieren.

---

[5] Die t-Werte geben die Sicherung der Regressionskoeffizenten gegen die Nullhypothese an. Ein Koeffizient ist statistisch signifikant mit einer Irrtumswahrscheinlichkeit von weniger als 5 %, wenn sein t-Wert größer als 1,95 ist.

3. Analyse der Entwicklung des Bekleidungsverbrauchs in Abhängigkeit vom Einkommen

a) Analyse für die Gesamtheit der zu untersuchenden Länder

Um die Entwicklung des Bekleidungsverbrauchs in Abhängigkeit vom Einkommen zu untersuchen, wurden mehrere Regressionsanalysen durchgeführt, und zwar

— für die Gesamtheit der zwölf Länder sowie

— für jedes einzelne Land gesondert.

Zunächst wurden der Pro-Kopf-Verbrauch von Bekleidung und das Pro-Kopf-Einkommen (jeweils in Preisen und Wechselkursen von 1963) der zu untersuchenden Länder für sämtliche Jahre des Untersuchungszeitraums (ab 1950) in ein Korrelationsdiagramm eingetragen (vgl. Abbildung 1). Aus diesem geht hervor, daß bei einem gegebenen Einkommensniveau Unterschiede im Niveau des Bekleidungsverbrauchs bestehen. Es zeigt sich, daß alle Entwicklungskurven des Bekleidungsverbrauchs in einem Korridor liegen, dessen Breite durch strukturelle Besonderheiten der einzelnen Länder (z. B. unterschiedliches Verbraucherverhalten, verschiedenartige Verbrauchsstruktur, unterschiedliche Preisrelationen, verschiedenartige klimatische Verhältnisse usw.), teilweise auch durch Ungenauigkeiten im statistischen Material bedingt ist. Als wesentlich ist anzusehen, daß sich die Lage der Verbrauchskurven der einzelnen Länder in diesem Korridor im Zeitablauf nicht entscheidend ändert: So liegt beispielsweise die Kurve für die Niederlande immer am oberen Rand des Korridors, jene für Italien immer an dessen unteren Rand. Dies bedeutet, daß die strukturellen Besonderheiten der einzelnen Länder im Zeitablauf erhalten bleiben. Daraus folgt, daß von diesen Besonderheiten abstrahiert werden kann.

Der — abgesehen vom unterschiedlichen Niveau — mehr oder weniger gleichförmige Verlauf der Verbrauchskurven in Abbildung 1 deutet darauf hin, daß die Entwicklung des Bekleidungsverbrauchs bestimmten Gesetzmäßigkeiten folgt. Es ist daher möglich, sämtliche Wertepaare aller zwölf Länder (d. h. Bekleidungsverbrauch und Einkommen) als ein Ganzes zu betrachten. Dies hat den Vorteil, daß man die Entwicklung des Bekleidungsverbrauchs über einen relativ großen Einkommensbereich verfolgen kann, da unter den zu untersuchenden zwölf Ländern hinsichtlich des Einkommensniveaus beträchtliche Unterschiede bestehen. Ein derartiges Vorgehen ist allerdings nur dann zulässig, wenn die Bedarfsdeckung in sämtlichen in die Untersuchung einbezogenen Ländern unter marktwirtschaftlichen Bedingungen erfolgt. Diese Bedingung ist bei den hier untersuchten Ländern erfüllt.

Abb.1

Zusammenhang zwischen dem verfügbaren Einkommen und den Ausgaben für Bekleidung (einschl. Schuhe)

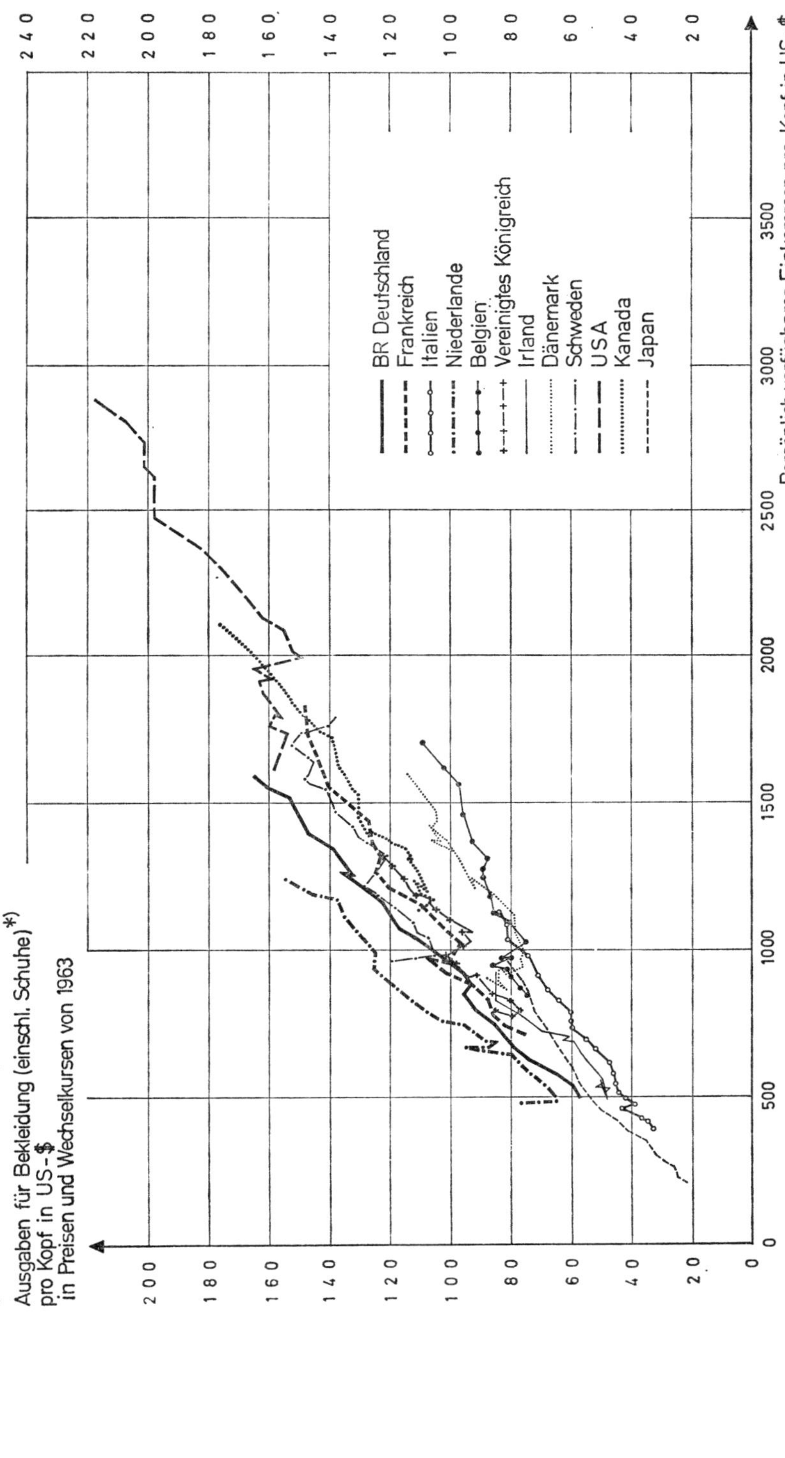

*) *Zeitraum grundsätzlich 1950–1972, für Japan 1952–1972, für Belgien und Irland 1953–1972.*

IFO-INSTITUT für Wirtschaftsforschung München

Damit sind die Voraussetzungen gegeben, um den Zusammenhang zwischen Einkommen und Bekleidungsverbrauch für die Gesamtheit der zwölf zu untersuchenden Länder auf regressionsanalytischem Wege zu testen. Da die graphische Darstellung des Zusammenhangs zwischen Einkommen und Bekleidungsverbrauch darauf hindeutet, daß das Wachstum des Bekleidungsverbrauchs in fast allen Ländern nicht größer ist als jenes des Einkommens, wurden halblogarithmische[6], doppellogarithmische[7] und Sättigungsfunktionen auf regressionsanalytischem Weg getestet. Bei den Sättigungsfunktionen wurden zwei Funktionstypen (eine logistische Funktion und die Gompertz-Funktion[8]) mit jeweils alternativen Sättigungsniveaus für den Bekleidungsverbrauch pro Kopf überprüft; für ein Sättigungsniveau von 230 US-$ ergaben sich die besten Prüfmaße.

Hinsichtlich der statistischen Prüfkriterien besteht zwischen den einzelnen Funktionstypen kein wesentlicher Unterschied. Bei der großen Streubreite der Verbrauchskurven ist der Wert des Bestimmtheitsmaßes r^2 für alle Ansätze als relativ hoch zu bezeichnen; er schwankt zwischen 0,83 und 0,88, was bedeutet, daß im günstigsten Fall fast neun Zehntel der Varianz der Werte des Bekleidungsverbrauchs durch das Einkommen erklärt werden (vgl. Tabelle 11).

Die doppellogarithmische Funktion, die konstante Elastizitäten unterstellt[9], weist — unter den getesteten Ansätzen — den höchsten Wert für das Bestimmtheitsmaß sowie den günstigsten Wert für die Durbin-Watson-Statistik (als Maß für die Autokorrelation) auf. Der Elastizitätskoeffizient dieser Funktion liegt unter 1, nämlich bei 0,88. Unter ökonomischen Gesichtspunkten erscheint die doppellogarithmische Funktion allerdings nicht der „beste" Funktionstyp zu sein. Wie aus Abbildung 2 hervorgeht, liegt der obere Teil der Schätzfunktion (Pro-Kopf-

---

[6] Die Formel der halblogarithmischen Funktion lautet: $y = a + b \ln x$. Dabei ist y die abhängige, x die unabhängige Variable; a und b sind Regressionskoeffizienten.

[7] Die Formel der doppellogarithmischen Funktion lautet: $\ln y = a + b \ln x$.

[8] Während die logistische Funktion einen symmetrischen S-förmigen Verlauf aufweist, steigt die Gompertz-Funktion zunächst steil an und nähert sich dann — langsamer als die logistische Funktion — dem Sättigungsniveau. Die Formel der in der Untersuchung verwendeten logistischen Funktion lautet:

$$y = \frac{y_s}{1 + ab^x}$$

Die Gompertz-Funktion ist wie folgt definiert: $y = y_s e^{-ab^x}$; y_s bezeichnet in diesen Formeln das Sättigungsniveau.

[9] Die halblogarithmische Funktion unterstellt dagegen — ebenso wie eine Sättigungsfunktion (nach dem Wendepunkt) — sinkende Elastizitäten.

Tabelle 11

Ergebnisse einer Regressionsanalyse der Käufe von Bekleidung (einschließlich Schuhe) in Abhängigkeit vom Einkommen[a] für die Gesamtheit von zwölf Ländern

(Zeitraum: 1950 bis 1972)

Ansatz	t-Werte der Regressionskoeffizienten		Bestimmtheitsmaß	Durbin-Watson-Statistik
	a	b	r^2	
Doppellogarithmische Funktion	- 9,472	43,336	0,8759	2,029
Halblogarithmische Funktion	- 28,840	36,079	0,8303	1,635
Gompertz-Funktion[b]	31,319	- 42, 895	0,8737	1,803
Logistische Funktion[b]	43,234	- 40,701	0,8616	1,702

a) Käufe von Bekleidung und Einkommen in US-$ (in Preisen und Wechselkursen von 1963); Pro-Kopf-Werte.
b) Sättigungsniveau 230 US-$.

Einkommen höher als 2000 US-$) über den empirischen Werten[10]. Da es sich bei diesen Werten um jene der USA in den sechziger und frühen siebziger Jahren handelt, würde dies bedeuten, daß der Bekleidungsverbrauch der anderen untersuchten Länder *im Durchschnitt* über jenem der USA liegen würde, sobald diese Länder das Einkommensniveau der USA in den sechziger und siebziger Jahren erreicht haben. Diese Hypothese ist jedoch sehr unwahrscheinlich, insbesondere aufgrund der Tatsache, daß das Verbraucherverhalten in den europäischen Ländern — wie in Kapitel III.2. gezeigt — wesentlich anders ist als jenes in den USA.

Unter statistischen und ökonomischen Gesichtspunkten scheint eine Sättigungsfunktion am besten geeignet zur Erklärung der Entwicklung des Bekleidungsverbrauchs über einen weiten Einkommensbereich. Die Werte des Bestimmtheitsmaßes der beiden getesteten Funktionen, nämlich der Gompertz- und der logistischen Funktion, sind nur etwas niedriger als jene der doppellogarithmischen Funktion. Der rechte Ast dieser Sättigungsfunktionen liegt jedoch nicht — wie jener der doppellogarithmischen Funktion — über den Werten für die USA (vgl. Abbildungen 4 und 5). Da die Gompertz-Funktion infolge doppelter Logarithmierung der abhängigen Variablen ein relativ hohes r^2 aufweisen sollte, dessen Wert aber im vorliegenden Fall nur geringfügig höher ist als jener der logistischen Funktion, ist diese als der „beste" Funktionstyp für die Beschreibung des Zusammenhangs zwischen Einkommen und Bekleidungsverbrauch anzusehen. Diese Funktion unterstellt also, daß *im allgemeinen* in hochentwickelten Industrieländern die Ausgaben für Bekleidung mit steigendem Lebensstandard hinter der Entwicklung der Einkommen zurückbleiben würden. Damit stehen die Ergebnisse der durchgeführten Regressionsanalysen — ebenso wie die bereits weiter oben angestellten Überlegungen — im Gegensatz zu der These, derzufolge sich in Ländern mit relativ hohem Einkommensniveau die Einkommenselastizität der Ausgaben für Bekleidung dem Wert 1 nähert.

---

[10] In den Abbildungen 2 bis 5 sind die Wertepaare sämtlicher zwölf Länder miteinander verbunden, und zwar geordnet nach steigendem Wert des Einkommens pro Kopf.

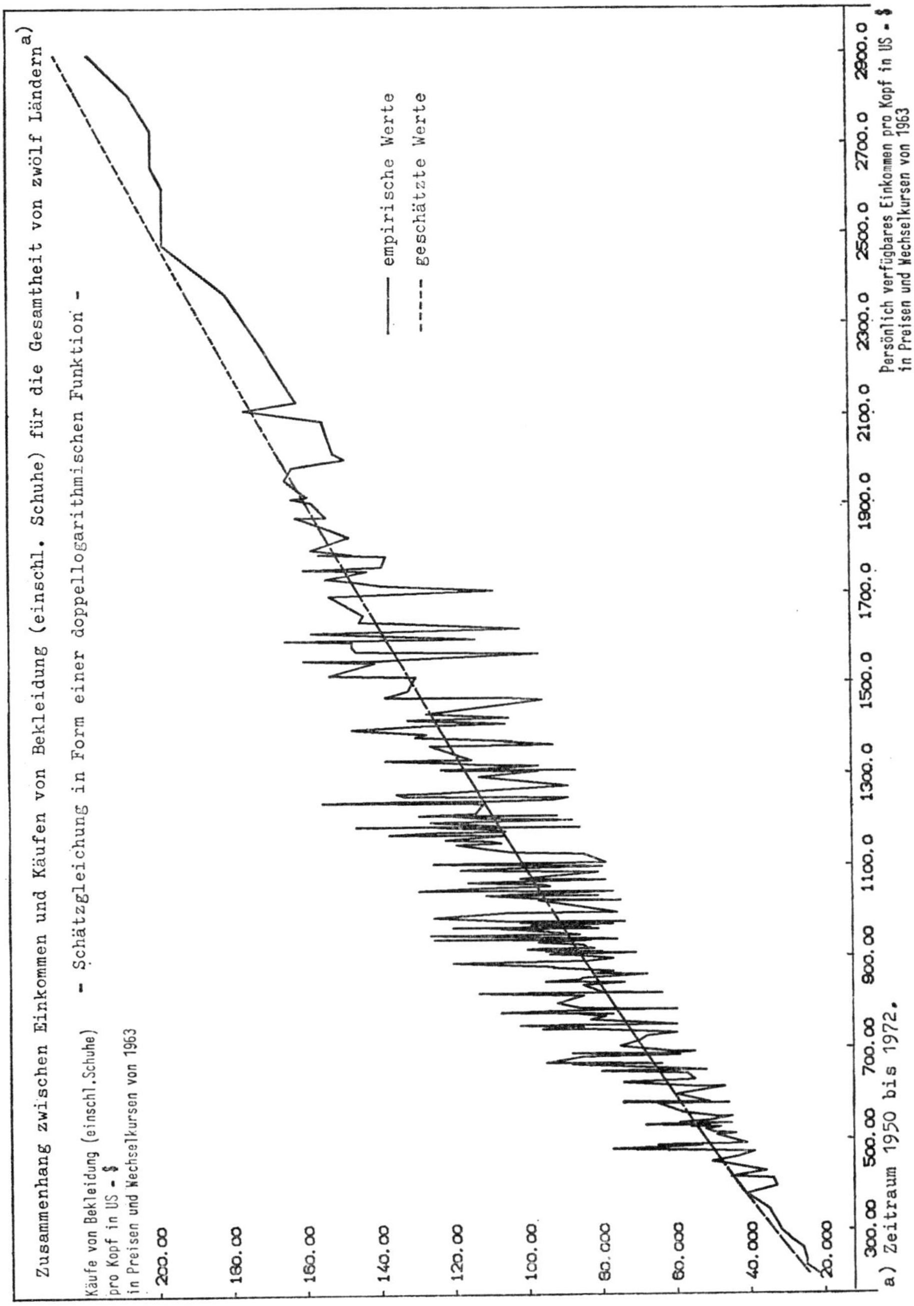
Abb. 2
Zusammenhang zwischen Einkommen und Käufen von Bekleidung (einschl. Schuhe) für die Gesamtheit von zwölf Ländern[a)]
- Schätzgleichung in Form einer doppellogarithmischen Funktion -
Käufe von Bekleidung (einschl. Schuhe) pro Kopf in US - $ in Preisen und Wechselkursen von 1963
200.00
180.00
160.00
140.00
120.00
100.00
80.000
60.000
40.000
20.000
—— empirische Werte
- - - - - geschätzte Werte
300.00
500.00
700.00
900.00
1100.0
1300.0
1500.0
1700.0
1900.0
2100.0
2300.0
2500.0
2700.0
2900.0
Persönlich verfügbares Einkommen pro Kopf in US - $ in Preisen und Wechselkursen von 1963
a) Zeitraum 1950 bis 1972.

Abb. 3

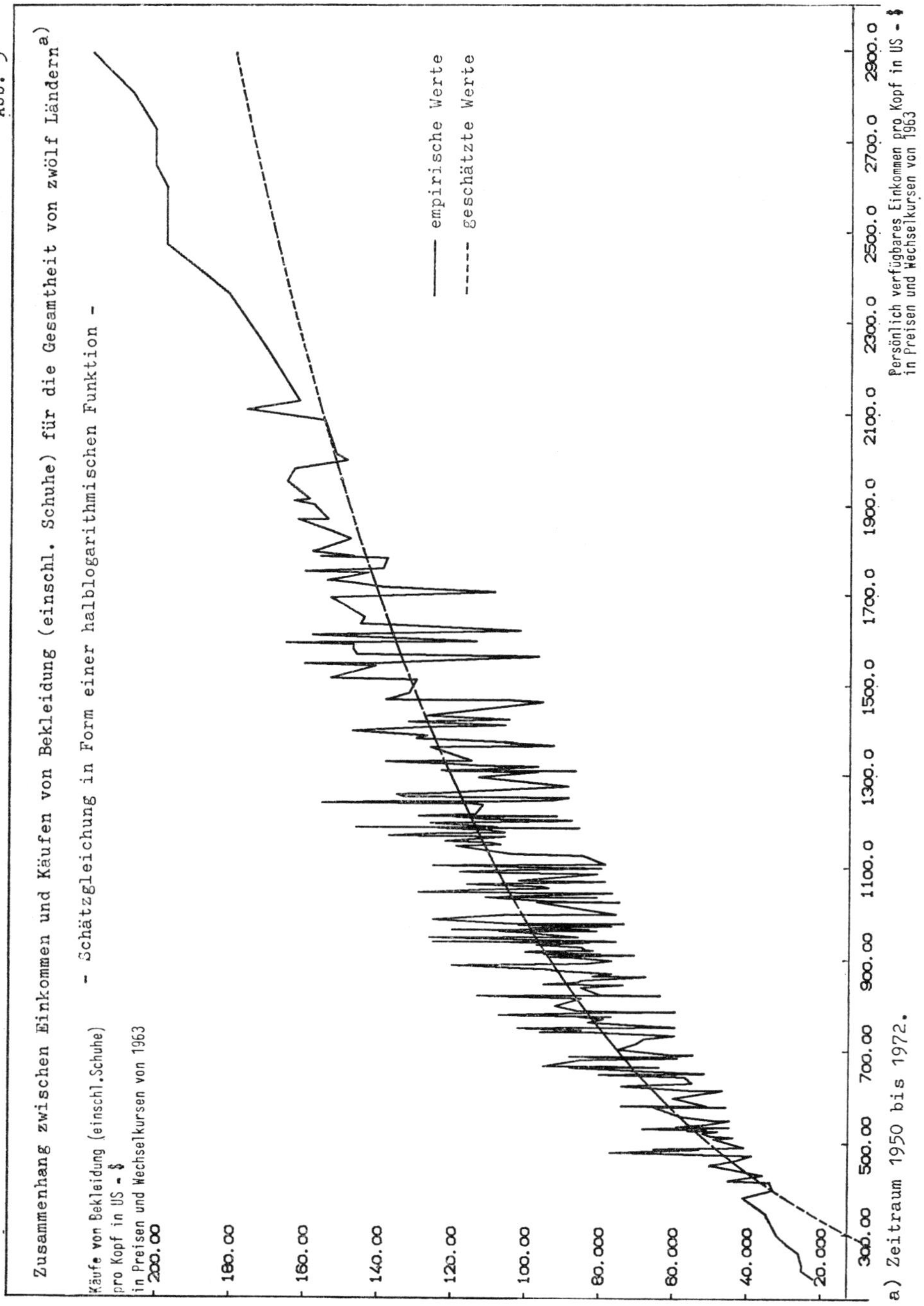

a) Zeitraum 1950 bis 1972.

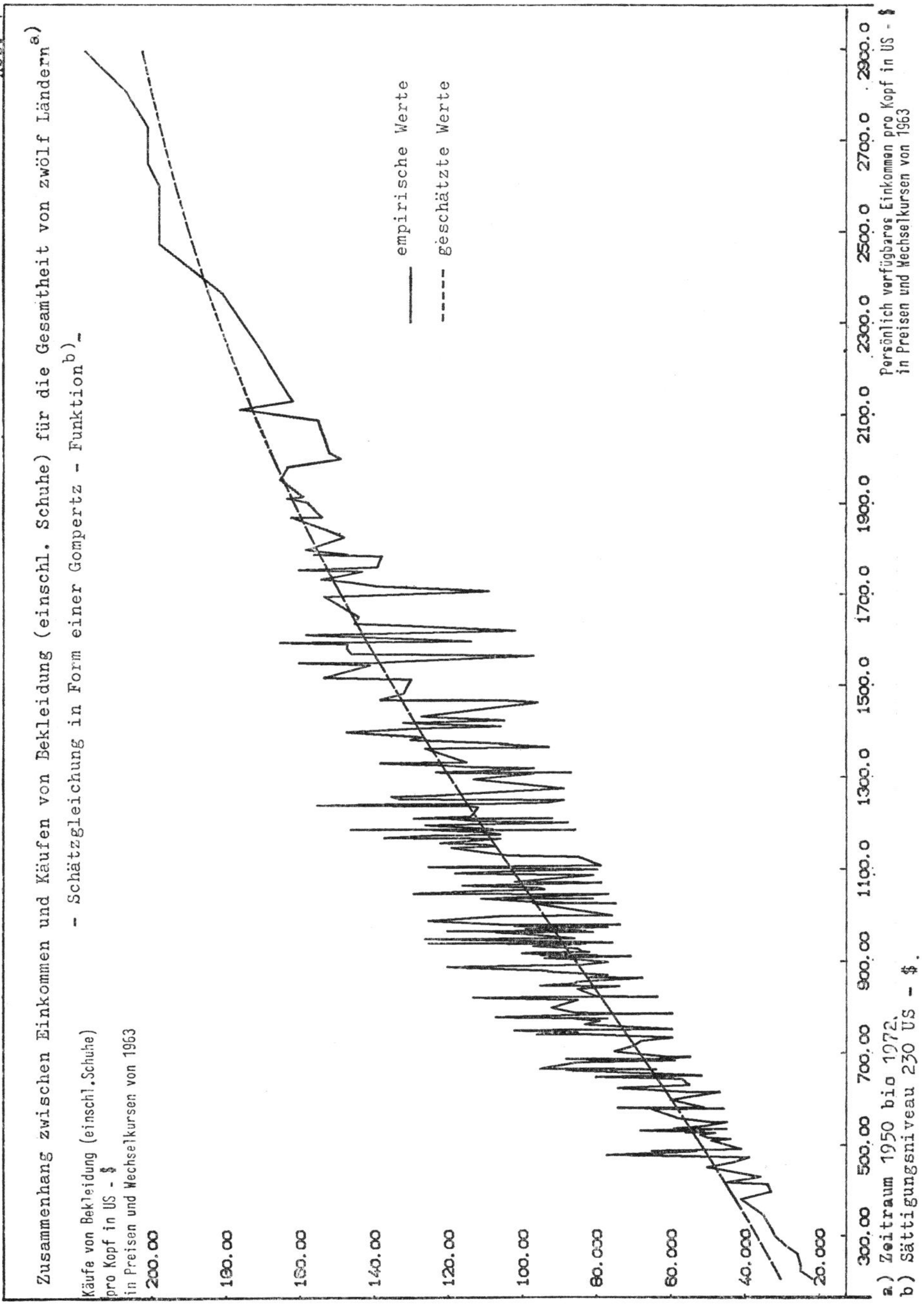

Abb. 4

Zusammenhang zwischen Einkommen und Käufen von Bekleidung (einschl. Schuhe) für die Gesamtheit von zwölf Ländern[a])

- Schätzgleichung in Form einer Gompertz - Funktion[b]) -

a) Zeitraum 1950 bis 1972.
b) Sättigungsniveau 230 US - $.

Abb. 5

Zusammenhang zwischen Einkommen und Käufen von Bekleidung (einschl. Schuhe) für die Gesamtheit von zwölf Ländern[a)]

- Schätzgleichung in Form einer logistischen Funktion[b)] -

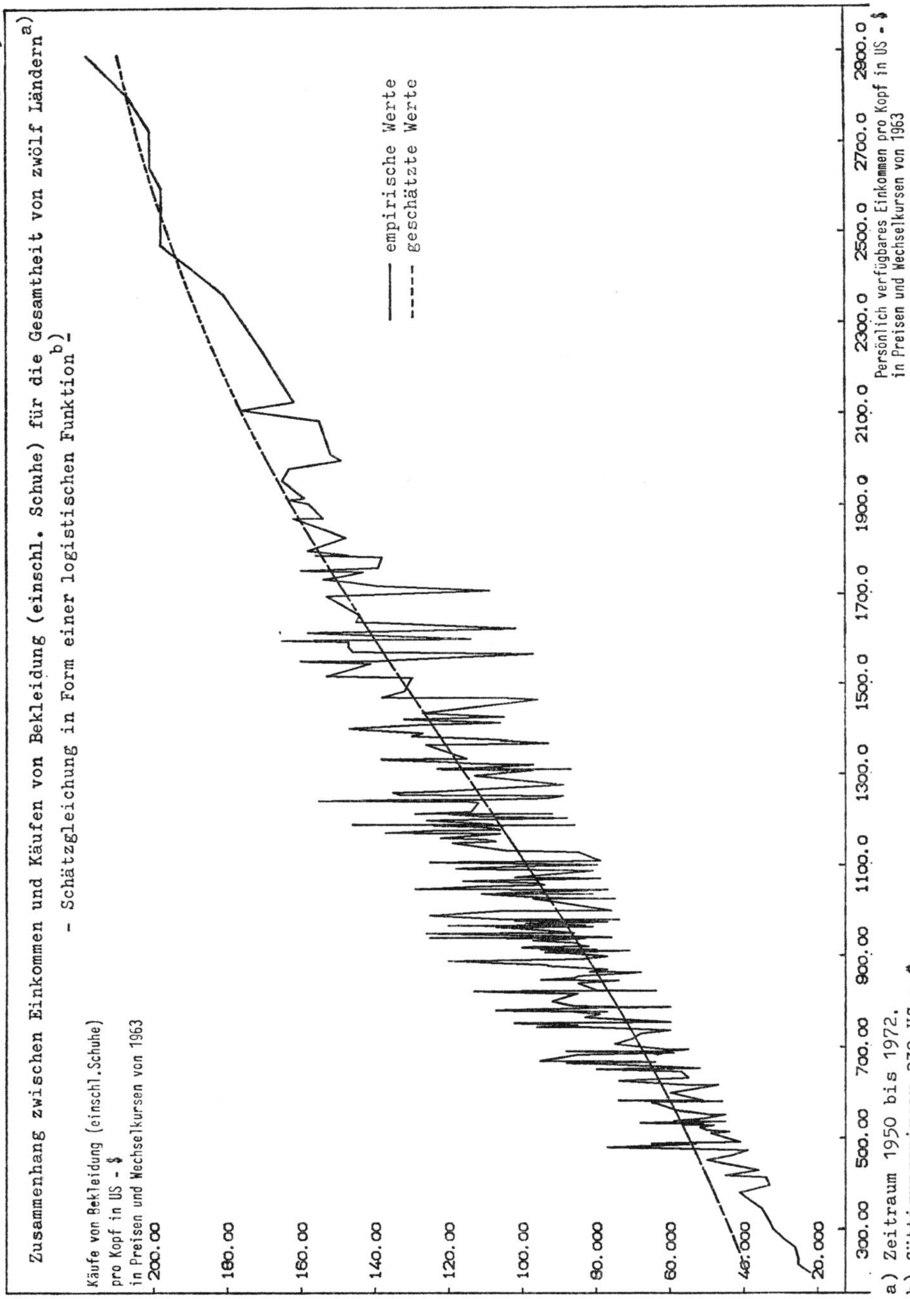

a) Zeitraum 1950 bis 1972.

b) Sättigungsniveau 230 US - $.

b) *Länderanalysen*

aa) Übersicht

Die für die Gesamtheit von zwölf wichtigen Industrieländern ermittelte Gesetzmäßigkeit hinsichtlich des Zusammenhangs zwischen Einkommen und Bekleidungsverbrauch darf nicht ohne weiteres auf *einzelne Länder* übertragen werden; dies gilt insbesondere für die Entwicklung des Bekleidungsverbrauchs in den USA. Um den länderspezifischen Gegebenheiten Rechnung tragen zu können, wurden daher für jedes einzelne der zwölf Länder Regressionsanalysen durchgeführt, und zwar auf der Basis einer doppellogarithmischen, einer halblogarithmischen und einer logistischen Funktion (vgl. Tabellen 12, 13 und 14). Für die beiden erstgenannten Ansätze wurden jeweils die Daten unterschiedlicher Zeiträume zugrundegelegt, und zwar von 1950 bis 1972 bzw. von 1960 bis 1972. Es wäre zwar zu erwarten, daß jene Ansätze, die mit den Daten des Zeitraums 1960 - 1972 getestet werden, die besseren statistischen Prüfmaße erbringen, weil anzunehmen ist, daß die Daten ab 1960 nicht durch Sonderentwicklungen beeinflußt sind, wie dies in den fünfziger Jahren teilweise der Fall war (Nachholbedarf). Außerdem können sich, wenn beispielsweise Änderungen im Verbraucherverhalten eintreten, halblogarithmische und doppellogarithmische Funktionen den empirischen Werten eines kürzeren Zeitraums besser anpassen als den Werten eines längeren Zeitraums. Um diese Hypothesen zu überprüfen, wurden die genannten Funktionen auch unter Zugrundelegung der Daten des Zeitraums 1950 - 1972 getestet. Eine Verkürzung des Basiszeitraums erschien dagegen für die logistische Funktion nicht angebracht, da deren Verlauf erst bei einer genügend großen Anzahl von Wertepaaren sichtbar wird.

Das Sättigungsniveau, das für die logistische Funktion die beste Anpassung an die empirischen Werte erbringt, wurde grundsätzlich für jedes einzelne Land mit Hilfe alternativer Rechnungen ermittelt. Anhand des Bestimmtheitsmaßes läßt sich ablesen, ob man sich diesem Sättigungsniveau nähert oder von ihm entfernt (vgl. Tabelle 15). Ausnahmen von dieser Regel wurden lediglich für zwei Länder gemacht: Für die BR Deutschland wurde das Sättigungsniveau des Bekleidungsverbrauchs auf 235 US-$ angesetzt, obwohl die Entwicklung von r^2 auf ein niedrigeres Niveau hindeutet. Das gewählte höhere Niveau erscheint deshalb realistischer, weil der Pro-Kopf-Verbrauch von Bekleidung in der Bundesrepublik seit 1950 in bezug auf ein bestimmtes Einkommensniveau immer relativ hoch lag (vgl. Abbildung 1). Aus dem gleichen Grunde wurde auch der Wert des Sättigungsniveaus des Bekleidungsverbrauchs in den USA etwas höher veranschlagt als jener Wert, der sich aus den Berechnungen mit alternierendem Sättigungsniveau ergab (etwa 230 US-$).

Tabelle 12

Ergebnisse einer Regressionsanalyse der Käufe von Bekleidung (einschl. Schuhe) in Abhängigkeit vom Einkommen[a)]

- Schätzgleichung in Form einer doppellogarithmischen Funktion -

Land	Zeitraum	Regressionskoeffizienten für		t-Werte der Regressionskoeffizienten für		Bestimmtheitsmaß r^2	Durbin-Watson-Statistik
		konstantes Glied	Einkommen	konstantes Glied	Einkommen		
BR Deutschland	1950-1972	-1,464	0,890	-13,185	55,190	0,9932	1,084
	1960-1972	-1,502	0,895	-7,618	32,407	0,9896	1,742
Frankreich	1950-1972	-0,154	0,691	-0,863	27,174	0,9723	1,007
	1960-1972	-0,385	0,722	-1,079	14,611	0,9510	0,788
Italien	1950-1972	-1,720	0,877	-12,400	41,050	0,9877	1,852
	1960-1972	-1,981	0,915	-8,576	26,658	0,9848	1,753
Niederlande	1950-1972	-1,145	0,866	-4,016	20,207	0,9511	1,025
	1960-1972	-0,202	0,730	-0,433	10,736	0,9129	0,841
Belgien	1953-1972	1,319	0,445	4,108	9,763	0,8411	1,200
	1960-1972	-0,030	0,631	-0,101	15,218	0,9547	1,438
Vereinigtes	1950-1972	-0,439	0,723	-1,181	13,517	0,8969	0,818
Königreich	1960-1972	-3,467	1,153	-8,710	20,424	0,9743	1,537
Irland	1953-1972	-2,832	1,072	-6,364	15,592	0,9311	0,848
	1960-1972	-4,497	1,323	-6,817	13,197	0,9406	1,186
Dänemark	1950-1972	0,394	0,584	0,844	8,831	0,7879	0,351
	1960-1972	-2,512	0,987	-4,535	12,832	0,9374	0,938
Schweden	1950-1972	1,186	0,511	3,384	10,509	0,8402	1,105
	1960-1972	1,244	0,503	1,200	3,570	0,5367	0,585
USA	1950-1972	0,340	0,627	0,737	10,427	0,8381	0,594
	1960-1972	-2,574	0,999	-5,914	17,879	0,9667	0,855
Kanada	1950-1972	-0,873	0,784	-4,090	25,831	0,9717	0,904
	1960-1972	-0,646	0,755	-1,680	14,575	0,9503	0,521
Japan	1952-1972	-1,448	0,862	-9,352	34,039	0,9839	0,408
	1960-1972	-0,317	0,688	-1,905	26,548	0,9846	0,541

a) Käufe von Bekleidung und Einkommen in US-$ (in Preisen und Wechselkursen von 1963); Pro-Kopf-Werte.

Die Regressionsanalyse der Vergangenheitsentwicklung in den einzelnen Ländern bildet zugleich die Grundlage für die Vorausschätzung des Bekleidungsverbrauchs. Da strukturelle Änderungen des Verbraucherverhaltens in bezug auf die Käufe von Bekleidung in Vergangenheit und Zukunft nicht auszuschließen sind, kann die Entwicklung des Bekleidungsverbrauchs auf regressionsanalytischem Wege nur dann vorausgeschätzt werden, wenn

Tabelle 13

Ergebnisse einer Regressionsanalyse der Käufe von Bekleidung (einschl. Schuhe) in Abhängigkeit vom Einkommen[a)]

- Schätzgleichung in Form einer halblogarithmischen Funktion -

Land	Zeitraum	Regressionskoeffizienten für konstantes Glied	Regressionskoeffizienten für Einkommen	t-Werte der Regressionskoeffizienten für konstantes Glied	t-Werte der Regressionskoeffizienten für Einkommen	Bestimmtheitsmaß r^2	Durbin-Watson Statistik
BR Deutschland	1950-1972	-512,198	90,489	-23,566	28,663	0,9751	0,345
	1960-1972	-718,562	119,441	-28,898	34,276	0,9907	1,891
Frankreich	1950-1972	-422,832	76,147	-23,314	29,461	0,9764	0,986
	1960-1972	-515,914	88,909	-14,480	18,026	0,9673	1,045
Italien	1950-1972	-256,390	47,989	-24,324	29,570	0,9765	0,741
	1960-1972	-335,265	59,635	-26,158	31,314	0,9889	2,247
Niederlande	1950-1972	-477,629	87,482	-16,461	20,063	0,9504	0,871
	1960-1972	-489,768	89,380	-8,330	10,433	0,9082	0,866
Belgien	1953-1972	-192,660	39,589	-6,703	9,709	0,8397	1,077
	1960-1972	-318,300	56,928	-11,699	14,997	0,9534	1,475
Vereinigtes Königreich	1950-1972	-387,449	70,209	-10,633	13,343	0,8945	0,761
	1960-1972	-754,676	122,139	-17,949	20,474	0,9744	1,464
Irland	1953-1972	-388,120	69,546	-11,711	13,584	0,9111	0,628
	1960-1972	-528,002	90,621	-11,361	12,833	0,9374	1,119
Dänemark	1950-1972	-290,909	54,275	-6,939	9,125	0,7986	0,382
	1960-1972	-585,350	95,130	-12,348	14,447	0,9499	1,248
Schweden	1950-1972	-341,305	65,495	-7,648	10,577	0,8419	1,060
	1960-1972	-361,438	68,204	-2,524	3,504	0,5275	0,603
USA	1950-1972	-691,856	112,872	-8,469	10,592	0,8423	0,546
	1960-1972	-1213,39	179,480	-16,873	19,433	0,9717	1,144
Kanada	1950-1972	-632,843	104,450	-19,003	22,889	0,9615	0,669
	1960-1972	-676,251	110,313	-10,051	12,178	0,9309	0,4974
Japan	1952-1972	-190,652	39,267	-35,946	45,296	0,9908	0,461
	1960-1972	-202,531	41,139	-41,773	54,506	0,9963	1,121

a) Käufe von Bekleidung und Einkommen in US-$ (in Preisen und Wechselkursen von 1963); Pro-Kopf-Werte.

— entweder derartige Änderungen im Verbraucherverhalten in der Schätzgleichung berücksichtigt werden (z. B. gilt dies für eine Sättigungsfunktion)

— oder anzunehmen ist, daß sich das Verbraucherverhalten in Zukunft in ähnlicher Weise ändert wie in der Vergangenheit.

Im letztgenannten Fall kann der Vorausschätzung eine doppel- oder halblogarithmische Funktion zugrunde gelegt werden. Im allgemeinen

Tabelle 14

Ergebnisse einer Regressionsanalyse der Käufe von Bekleidung (einschl. Schuhe) in Abhängigkeit vom Einkommen[a)]

- Schätzgleichung in Form einer logistischen Funktion -

Land	Zeitraum	Sättigungs-niveau (US-$)	t-Werte der Regressions-koeffizienten a	b	Bestimmtheitsmaß r^2	Durbin-Watson-Statistik
BR Deutschland	1950-1972	235	51,235	-49,881	0,9916	0,8861
Frankreich	1950-1972	220	24,758	-26,133	0,9702	0,8978
Italien	1950-1972	220	59,030	-31,342	0,9791	1,134
Niederlande	1950-1972	220	20,917	-20,368	0,9518	0,9141
Belgien	1953-1972	220	17,317	-11,102	0,8726	1,331
Ver. Königreich	1950-1972	220	15,795	-13,819	0,9009	0,8119
Irland	1953-1972	235	28,359	-16,797	0,9400	0,9708
Dänemark	1950-1972	220	13,275	-10,170	0,8312	0,3895
Schweden	1950-1972	240	8,302	-10,049	0,8279	0,9691
USA	1950-1972	235	7,183	-11,682	0,8666	0,6142
Kanada	1950-1972	240	24,242	-27,103	0,9722	0,8124
Japan	1952-1972	220	31,495	-15,616	0,9277	0,1596

a) Käufe von Bekleidung und Einkommen in US-$ (in Preisen und Wechselkursen von 1963); Pro-Kopf-Werte.

wird man — unter Berücksichtigung der statistischen Prüfkriterien — jene Funktion auswählen, die möglichst „aktuell" ist, d. h. auf den Daten des letzten Jahrzehnts basiert. Die Wahrscheinlichkeit, daß die Funktion durch Faktoren beeinflußt wird, die lediglich in der Vergangenheit großes Gewicht hatten, dagegen in der Gegenwart und vor allem in der Zukunft nur noch von untergeordneter Bedeutung sein werden, wird damit geringer.

Um zu prüfen, ob sich im vergangenen Jahrzehnt Veränderungen im Verbraucherverhalten bezüglich der Ausgaben für Bekleidung vollzogen haben, wurden die Elastizitätskoeffizienten des Bekleidungsverbrauchs in bezug auf das Einkommen für „gleitende" Zeiträume errechnet (vgl. Tabelle 16). Diese Vorgehensweise erlaubt es, den Entwicklungstrend der Elastizitätskoeffizienten herauszuarbeiten.

Tabelle 15

Bestimmtheitsmaß einer Regressionsanalyse der Käufe von Bekleidung (einschl. Schuhe) in Abhängigkeit vom Einkommen[a)]

- Schätzgleichung in Form einer logistischen Funktion -

Land	Zeitraum	Bestimmtheitsmaß (r^2) für ein Sättigungsniveau von US-$ ... 224	228	232	236	240
BR Deutschland	1950-1971	0,9916	0,9912	0,9908	0,9904	0,9900
Frankreich	1950-1971	0,9705	0,9700	0,9695	0,9690	0,9685
Italien	1961-1968	0,9705	0,9705	0,9705	0,9704	0,9704
Niederlande	1950-1969	0,9320	0,9316	0,9311	0,9307	0,9303
Belgien	1953-1971	0,8556	0,8555	0,8554	0,8553	0,8552
Verein. Königreich	1950-1971	0,8573	0,8571	0,8570	0,8569	0,8568
Irland	1957-1971	0,9548	0,9550	0,9552	0,9554	0,9555
Dänemark	1950-1970	0,8241	0,8240	0,8239	0,8238	0,8237
Schweden	1950-1971	0,8696	0,8697	0,8697	0,8697	0,8697
USA	1950-1971	0,8537	0,8539	0,8537	0,8534	0,8531
Kanada	1950-1971	0,9734	0,9736	0,9737	0,9738	0,9739
Japan	1952-1971	0,9313	0,9308	0,9304	0,9300	0,9297

a) Käufe von Bekleidung und Einkommen in US-$ (in Preisen und Wechselkursen von 1963); Pro-Kopf-Werte.

bb) Ergebnisse der Regressionsanalyse für einzelne Länder

Bundesrepublik Deutschland

Die Ausgaben für Bekleidung haben sich in der Bundesrepublik im Zeitraum 1950 bis 1972 — abgesehen von den Rückgängen in den Jahren 1958 und 1967 — relativ kontinuierlich aufwärts entwickelt. Die graphischen Darstellungen zeigen, daß sich sowohl die doppellogarithmische als auch die logistische Funktion den empirischen Werten des Zeitraums 1950 bis 1972 gut anpassen (vgl. Abbildungen 6 und 8). Demgegenüber scheint die halblogarithmische Funktion zur Erklärung der Entwicklung des Bekleidungsverbrauchs seit 1950 weniger geeignet. Diese Funktion

Tabelle 16

Entwicklung der Einkommenselastizität der Käufe von Bekleidung (einschl. Schuhe)[a)]

Land	1950-1959	1951-1960	1952-1961	1953-1962	1954-1963	1955-1964	1956-1965	1957-1966	1958-1967	1959-1968	1960-1969	1961-1970	1962-1971	1963-1972
BR Deutschland	0,8914	0,8678	0,8088	0,7727	0,7981	0,8396	0,8921	0,9770	1,0402	0,9982	0,9352	0,8451	0,8379	0,8615
Frankreich	0,9108	0,7122	0,6393	0,5837	0,6530	0,6688	0,6545	0,6918	0,7353	0,7669	0,8104	0,7341	0,6514	0,5650
Italien	0,9279	0,7871	0,7232	0,7004	0,8668	0,8658	0,8401	0,8876	0,9461	0,9782	0,9424	0,9087	0,8736	0,8541
Niederlande	0,7497	0,9318	1,0233	1,1602	1,2398	1,2020	1,0713	1,1212	1,0588	0,9039	0,6738	0,5743	0,5733	0,6265
Belgien	.	.	.	0,0904	0,0662	0,1121	0,2423	0,3144	0,4155	0,4893	0,6472	0,5523	0,5287	0,5621
Verein. Königreich	1,0825	0,9481	0,7973	0,5409	0,3333	0,2731	0,3209	0,3610	0,4313	0,6517	1,1690	1,2679	1,2638	1,1266
Irland	.	.	.	0,4923	0,5600	0,5996	0,7225	0,8209	0,9505	1,2946	1,5242	1,5794	1,5807	1,3351
Dänemark	-0,4706	-0,2666	0,0753	0,3482	0,4932	0,6308	0,8646	0,9644	1,0591	1,1456	1,1820	1,0522	0,8837	0,7880
Schweden	0,6432	0,6888	0,5959	0,4942	0,4820	0,4387	0,4783	0,5260	0,5698	0,6201	0,8871	0,6783	0,3995	0,0535
USA	0,2081	0,0291	-0,2215	-0,2330	-0,0979	0,1740	0,5100	0,8088	0,9323	1,0046	1,1226	1,0326	0,9677	0,8946
Kanada	0,3733	0,7499	0,8616	0,9642	0,9378	0,9634	0,8866	0,7650	0,7101	0,6500	0,6091	0,6564	0,7690	0,8984
Japan	.	.	0,9662	1,0142	1,0816	1,0927	1,0370	0,9866	0,9290	0,8437	0,7359	0,6685	0,6191	0,6123

a) Käufe von Bekleidung und Einkommen in US-$ (in Preisen und Wechselkursen von 1963); Pro-Kopf-Werte.

liefert für die erste Hälfte der fünfziger Jahre, in denen in der Bundesrepublik noch ein erheblicher Nachholbedarf an Bekleidung vorhanden war, zu niedrige Werte (vgl. Abbildung 7). Von Mitte der fünfziger bis Mitte der sechziger Jahre zeigt sie hingegen zu hohe Werte an, und seit dem für den Textilbereich konjunkturell recht schwachen Jahr 1967 liegt sie erheblich unter den tatsächlichen Werten.

Die Werte der statistischen Prüfkriterien für die drei Funktionstypen, basierend auf den Daten des Zeitraums 1950 bis 1972, bestätigen obige Aussagen. Legt man der Regressionsanalyse die Daten ab 1960 zugrunde, so paßt sich jedoch die halblogarithmische Funktion an die empirischen Werte etwas besser an als die doppellogarithmische (r^2 = 0,9907 bzw. 0,9896). Dies deutet darauf hin, daß sich das Verhalten der Konsumenten in bezug auf den Bekleidungsverbrauch seit Anfang der sechziger Jahre geringfügig geändert hat, und zwar in dem Sinne, daß die Entwicklung der Ausgaben für Bekleidung nicht mehr — wie in den fünfziger Jahren — mit dem Wachstum der Einkommen Schritt hält, sondern etwas hinter diesem zurückbleibt.

Diese Aussage wird untermauert durch den Verlauf der Elastizitätskoeffizienten des Verbrauchs von Bekleidung in bezug auf das Einkommen (vgl. Tabelle 16). Es läßt sich feststellen, daß die Elastizitätskoeffizienten seit dem Zeitraum 1959 bis 1968 tendenziell sinken. Die These, wonach in der Bundesrepublik der Elastizitätskoeffizient mit steigendem Einkommen sinkt, wird weiter gestützt durch eine Analyse von Daten aus den laufenden Wirtschaftsrechnungen der privaten Haushalte. Im Zeitraum 1964 bis 1973 lag der Elastizitätskoeffizient jenes Haushaltstyps, der das niedrigste Einkommen bezieht (Renten- und Sozialhilfeempfänger) am höchsten (1,22). Etwa nur halb so hohe Werte für den Elastizitätskoeffizienten ergaben sich für die anderen Haushaltstypen, wobei den Beamten- und Angestelltenhaushalten mit höherem Einkommen ein geringfügig niedrigerer Wert (0,61) zukam als den Arbeitnehmerhaushalten mit mittlerem Einkommen (0,64). Diese Ergebnisse stehen im Einklang mit den auf der Basis von Daten der volkswirtschaftlichen Gesamtrechnung gewonnenen Erkenntnissen. Sie machen deutlich, daß die Ausgaben der Verbraucher für Bekleidung bei hohem Lebensstandard hinter der allgemeinen Einkommensentwicklung zurückbleiben.

Aufgrund der bisherigen Ausführungen erscheint es gerechtfertigt, der Vorausschätzung des Bekleidungsverbrauchs eine halblogarithmische Funktion zugrunde zu legen, wobei sich diese Funktion — wegen der in der Vergangenheit eingetretenen Änderungen im Verbraucherverhalten — auf die empirischen Werte des Zeitraums 1960 bis 1972 stützen sollte. Es kann allerdings nicht völlig ausgeschlossen werden, daß der Beklei-

Entwicklung der Käufe von Bekleidung (einschl. Schuhe) in der BR Deutschland

- Schätzwerte auf der Basis einer doppellogarithmischen Funktion mit der erklärenden Variablen Einkommen -

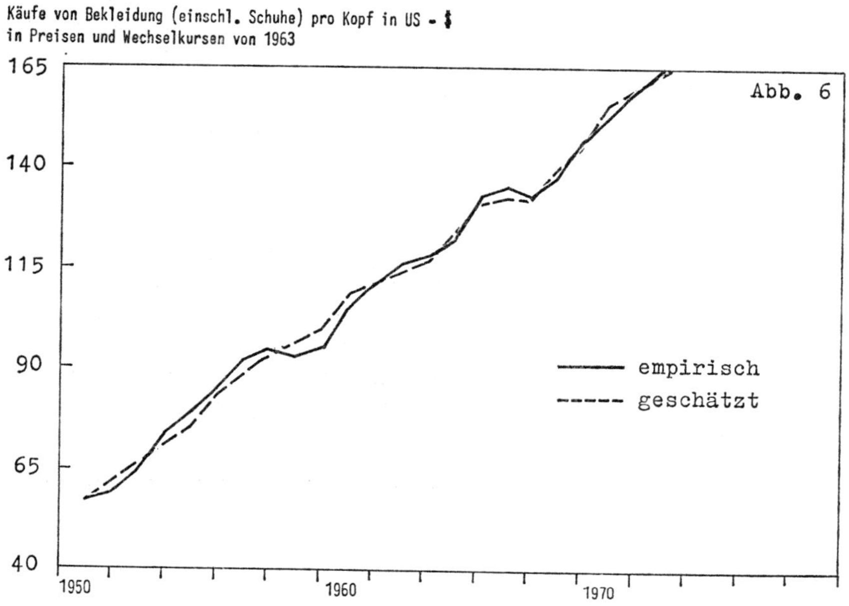

- Schätzwerte auf der Basis einer halblogarithmischen Funktion mit der erklärenden Variablen Einkommen -

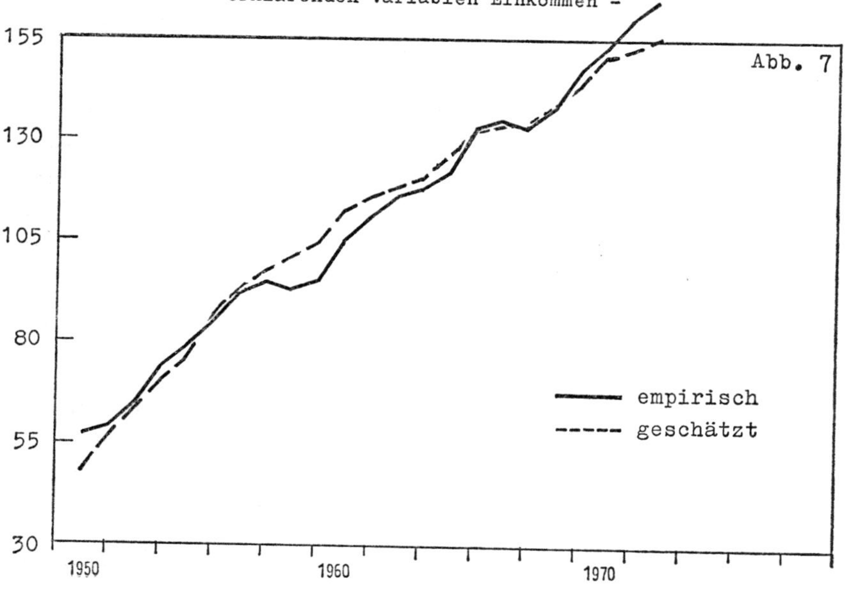

Abb. 8

Zusammenhang zwischen Einkommen und Käufen von Bekleidung (einschl. Schuhe) in der BR Deutschland[a)]

- Schätzgleichung in Form einer logistischen Funktion -

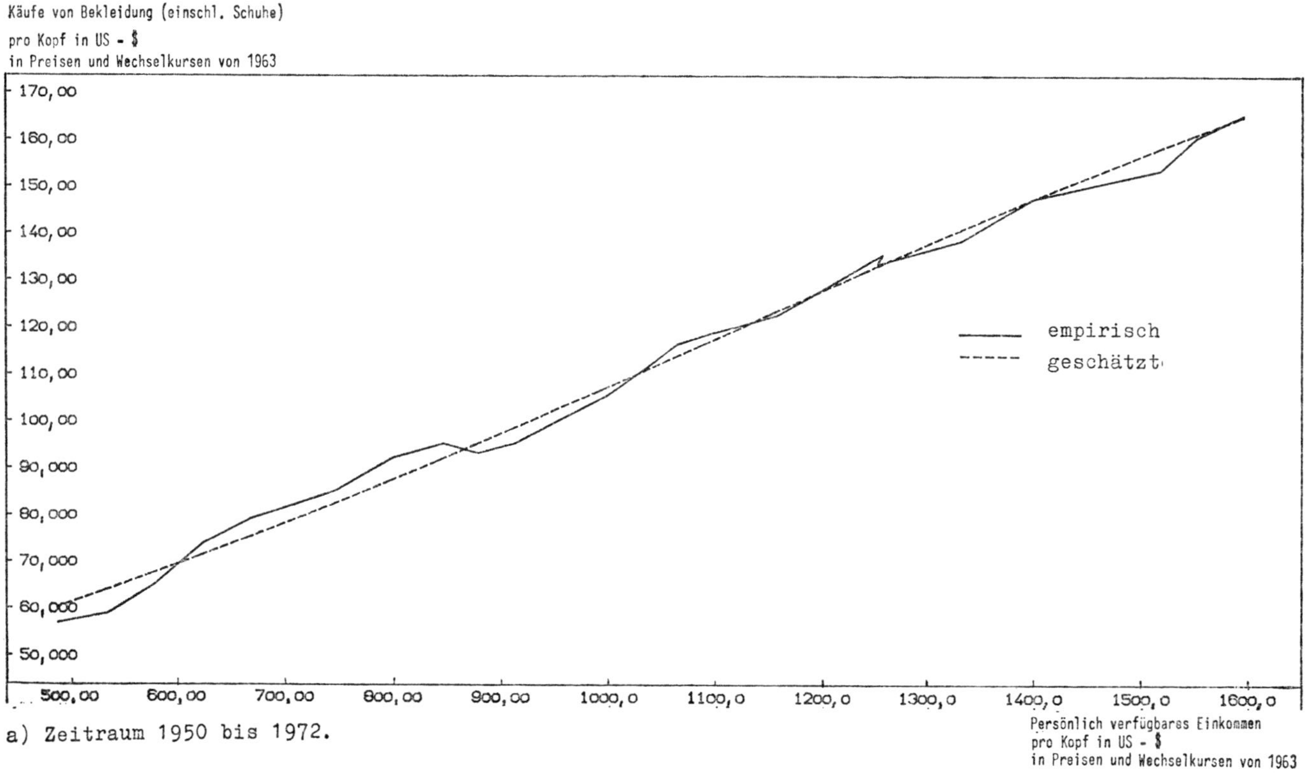

a) Zeitraum 1950 bis 1972.

dungsverbrauch in Zukunft eine etwas günstigere als die durch die halblogarithmische Funktion vorgezeichnete Entwicklung aufweist; insofern sind die aufgrund der ausgewählten Regressionsgleichung ermittelten Ergebnisse als eine Untergrenze der zukünftigen Entwicklung anzusehen.

Frankreich

Die Entwicklung des Verbrauchs von Bekleidung war in Frankreich durch einen relativ steilen Anstieg in der Periode 1950 bis 1957 gekennzeichnet, was im wesentlichen durch den im 2. Weltkrieg aufgestauten Nachholbedarf bedingt gewesen sein dürfte. In den Jahren 1958 bis 1960 schränkten die Verbraucher als Folge eines allgemeinen konjunkturellen Rückschlags ihre Käufe von Bekleidung erheblich ein. Dieser Rückschlag konnte in der ersten Hälfte der sechziger Jahre wieder aufgeholt werden. Seit Anfang der siebziger Jahre wächst der Bekleidungsverbrauch nur noch wenig.

Die beschriebene Entwicklung des Bekleidungsverbrauchs im Zeitraum 1950 bis 1972 läßt sich relativ gut durch eine halblogarithmische Funktion wiedergeben (vgl. Abbildung 10). Demgegenüber ist die Anpassung der doppellogarithmischen und der logistischen Funktion an die empirischen Werte weniger gut; insbesondere liegen die Schätzwerte am Ende des Untersuchungszeitraums über den tatsächlichen Werten (vgl. Abbildungen 9 und 11).

Die Güte der statistischen Prüfkriterien verschlechtert sich, wenn der Regressionsanalyse auf der Basis sowohl der doppel- als auch der halblogarithmischen Funktion nicht die Wertepaare des Zeitraums 1950 bis 1972, sondern jene des Zeitraums 1960 bis 1972 zugrunde gelegt werden (der Wert von r^2 fällt von 0,9723 auf 0,9510 bzw. von 0,9764 auf 0,9673). Allerdings verschlechtert sich bei der halblogarithmischen Funktion das Maß für die Stärke des Zusammenhangs nur unwesentlich. Da zudem die logistische Funktion hinsichtlich der statistischen Prüfkriterien relativ gut abschneidet, spricht einiges dafür, daß die Einkommenselastizität des Bekleidungsverbrauchs seit Anfang der sechziger Jahre einem langfristig sinkenden Trend folgt. Diese Vermutung wird erhärtet durch die Entwicklung des Wertes der Einkommenselastizitäten, die für „gleitende" Zeiträume berechnet wurden (vgl. Tabelle 16). Beginnend mit dem Zeitraum 1961 bis 1970 sinkt der Elastizitätskoeffizient kontinuierlich.

Die Vorausschätzung des Bekleidungsverbrauchs ist daher auf der Basis eines Funktionstyps vorzunehmen, der für die Zukunft sinkende Elastizitäten unterstellt. Da die halblogarithmische Funktion, die diese Bedingung erfüllen würde, deshalb ausscheidet, weil die Strammheit des Zusammenhangs zwischen Bekleidungsverbrauch und Einkommen bei Verkürzung des Referenzzeitraums geringer wird, wurde als Schätzgleichung die logistische Funktion ausgewählt.

Entwicklung der Käufe von Bekleidung (einschl. Schuhe) in Frankreich

- Schätzwerte auf der Basis einer doppellogarithmischen Funktion mit der erklärenden Variablen Einkommen -

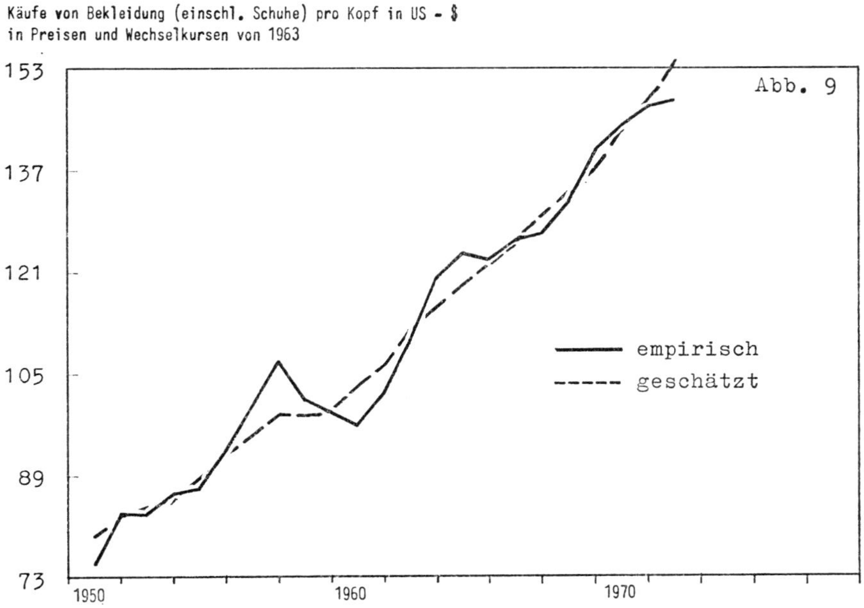

- Schätzwerte auf der Basis einer halblogarithmischen Funktion mit der erklärenden Variablen Einkommen -

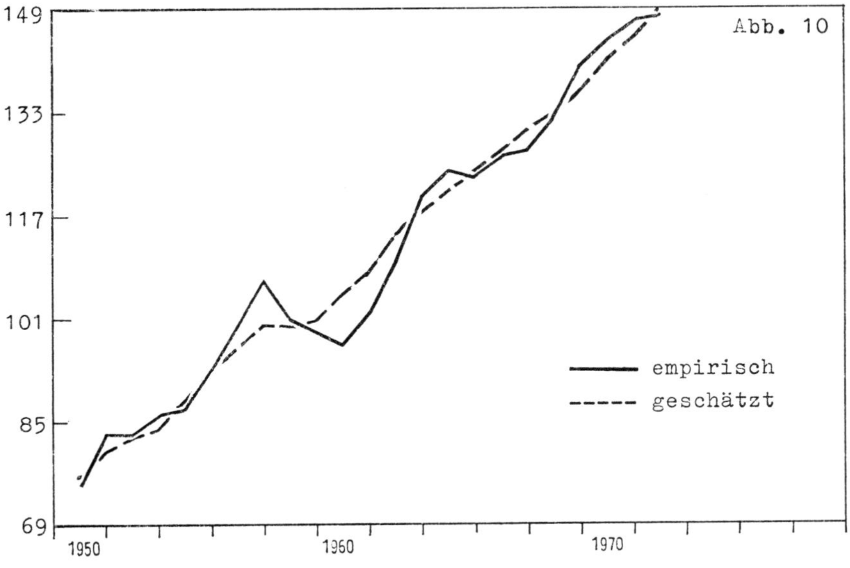

Abb. 11

Zusammenhang zwischen Einkommen und Käufen von Bekleidung (einschl. Schuhe) in Frankreich[a)]

- Schätzgleichung in Form einer logistischen Funktion -

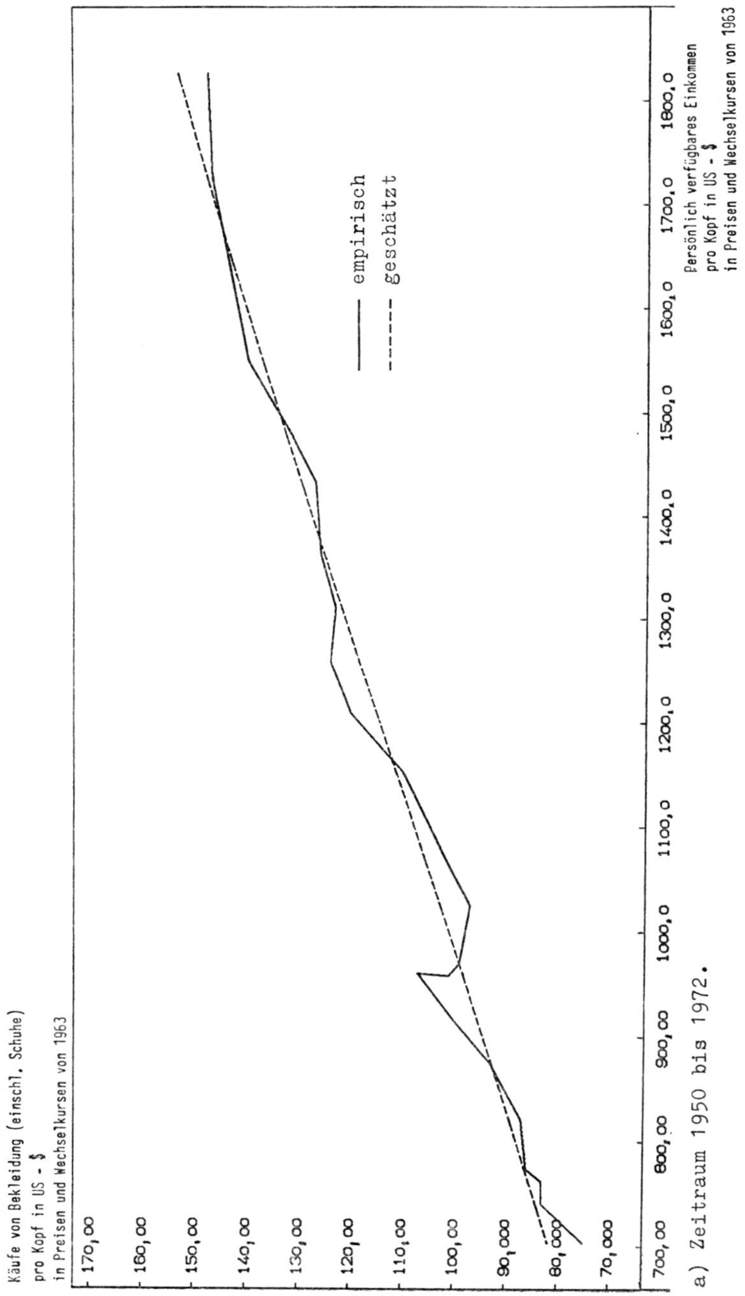

a) Zeitraum 1950 bis 1972.

Italien

Der Pro-Kopf-Verbrauch von Bekleidung ist in Italien in den fünfziger Jahren — ausgehend von einem relativ niedrigen Niveau — mit einer jahresdurchschnittlichen Rate von knapp 4 % gestiegen. Dieses Wachstum liegt zwar unter dem für die BR Deutschland (über 6 %), jedoch erheblich über dem durchschnittlichen Wachstum des Bekleidungsverbrauchs in anderen westlichen Industrieländern. Seit Anfang der sechziger Jahre hat sich das Wachstum des Bekleidungsverbrauchs in Italien beschleunigt (auf knapp 5 %), nicht zuletzt eine Folge des italienischen „Wirtschaftswunders".

Infolge dieser Wachstumsbeschleunigung läßt sich die Entwicklung des Bekleidungsverbrauchs im gesamten Untersuchungszeitraum (1950 bis 1972) relativ gut durch eine logistische Funktion wiedergeben (vgl. Abbildung 14). Diese Funktion ist in der Referenzperiode konkav gekrümmt, d. h. sie hat ihren Wendepunkt noch nicht erreicht; sie unterstellt damit steigende Elastizitätskoeffizienten.

Eine ebenfalls gute Anpassung an die empirischen Werte zeigt die doppellogarithmische Funktion (vgl. Abbildung 12). Demgegenüber decken sich die tatsächlichen Werte mit den auf der Basis einer halblogarithmischen Funktion geschätzten weniger gut; insbesondere zu Anfang und Ende des Untersuchungszeitraums unterschätzt diese Funktion die tatsächliche Entwicklung (vgl. Abbildung 13).

Beschränkt man die Referenzperiode auf die Jahre 1960 bis 1972, so zeigen die statistischen Prüfkriterien für die doppellogarithmische Funktion eine geringfügige Verschlechterung, dagegen für die halblogarithmische Funktion eine leichte Verbesserung. Dies würde darauf hindeuten, daß der Elastizitätskoeffizient in den letzten Jahren tendenziell gesunken ist. Tatsächlich bestätigen die Elastizitätskoeffizienten, die für gleitende Zeiträume berechnet wurden, diese Vermutung (vgl. Tabelle 16).

Es stellt sich die Frage, ob in Italien auch in den kommenden zehn Jahren der Bekleidungsverbrauch hinter der Entwicklung der Einkommen, wie dies in jüngster Vergangenheit der Fall war, zurückbleiben wird. Dagegen spricht, daß das Niveau des Bekleidungsverbrauchs immer noch relativ niedrig ist und insbesondere in den südlichen Landesteilen noch erhebliche Absatzreserven vorhanden sind. Auch der auf der Grundlage der Vergangenheitsentwicklung ermittelte Verlauf der logistischen Funktion spricht nicht für sinkende Elastizitätskoeffizenten; diese Funktion wird, bei dem angenommenen Sättigungsniveau des Bekleidungsverbrauchs in Höhe von 220 US-$, ihren Wendepunkt in den nächsten zehn Jahren nicht erreichen, somit also weiterhin steigende Elastizitätskoeffizienten unterstellen. Da diese Funktion die Entwicklung des Beklei-

Entwicklung der Käufe von Bekleidung (einschl.) Schuhe in Italien

- Schätzwerte auf der Basis einer doppellogarithmischen Funktion mit der erklärenden Variablen Einkommen -

Käufe von Bekleidung (einschl. Schuhe) pro Kopf in US - $
in Preisen und Wechselkursen von 1963

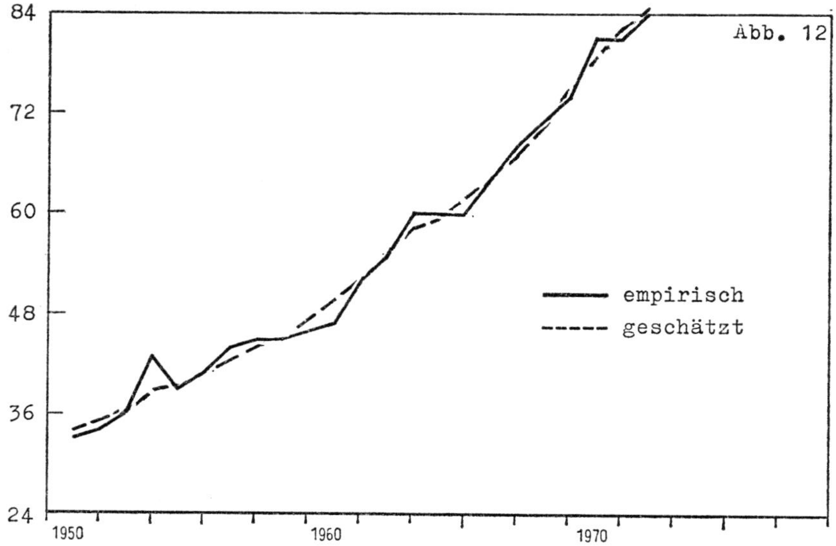

- Schätzwerte auf der Basis einer halblogarithmischen Funktion mit der erklärenden Variablen Einkommen -

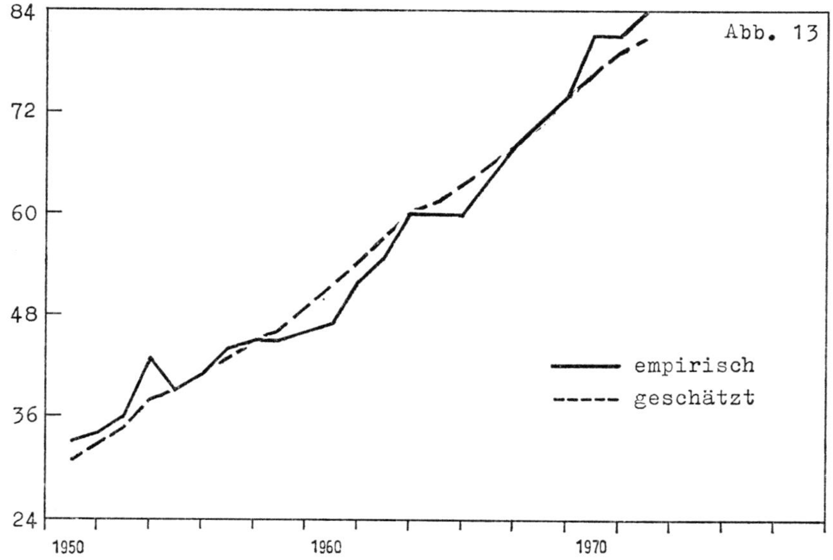

Abb. 14

Zusammenhang zwischen Einkommen und Käufen von Bekleidung (einschl. Schuhe) in Italien[a)]
- Schätzgleichung in Form einer logistischen Funktion -

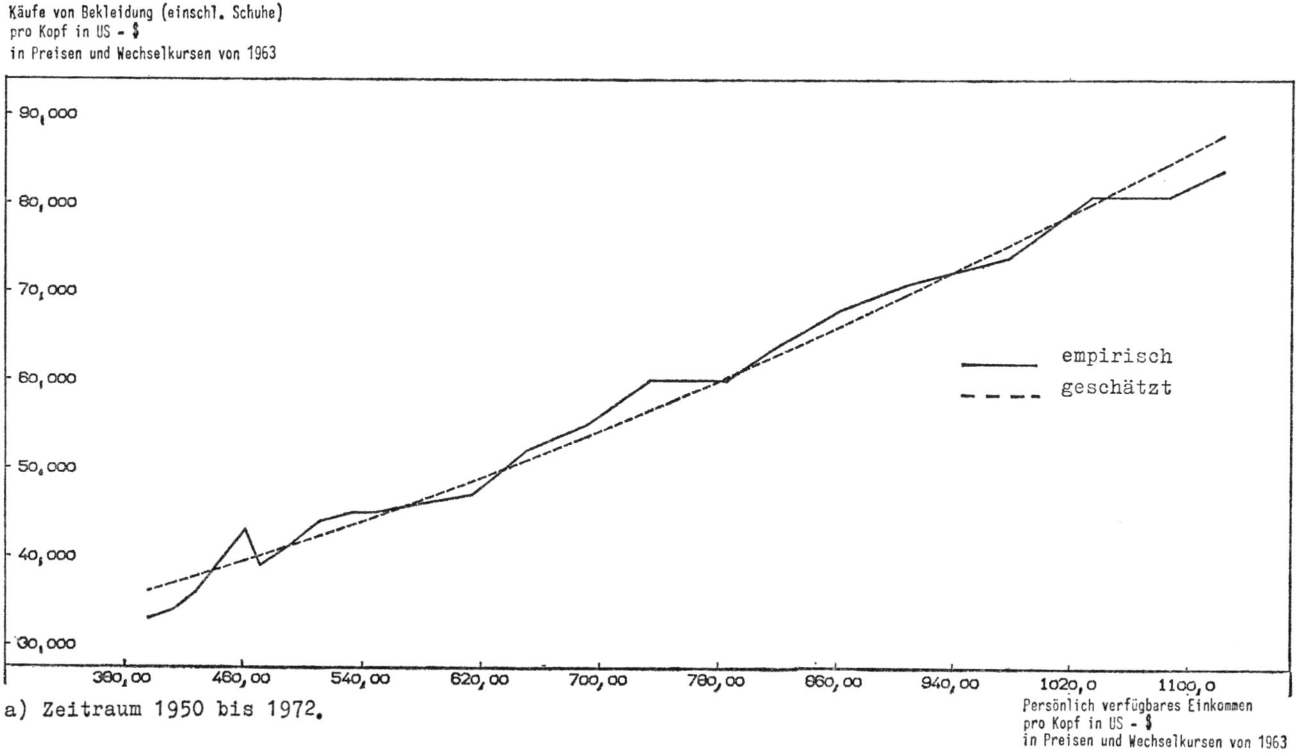

a) Zeitraum 1950 bis 1972.

dungsverbrauchs in den nächsten zehn Jahren möglicherweise in einem zu günstigen Licht erscheinen lassen könnte, wird der Vorausschätzung die doppellogarithmische Funktion, basierend auf den Daten des Zeitraums 1960 bis 1972, zugrunde gelegt.

Niederlande

Die Entwicklung des Bekleidungsverbrauchs zeigt in den Niederlanden im Zeitraum 1950 bis 1972 ein anderen vergleichbaren Industrieländern ähnliches Verlaufsmuster: Steiler Anstieg in den fünfziger Jahren als Folge des aufgestauten Nachholbedarfs, seitdem Abschwächung des Wachstums, gekennzeichnet durch konjunkturelle Rückschläge zu Ende der fünfziger und sechziger Jahre.

Sowohl die graphische Gegenüberstellung der empirischen Werte des Bekleidungsverbrauchs mit den auf der Basis von drei Funktionstypen errechneten Werten (vgl. Abbildungen 15 bis 17) als auch die statistischen Prüfkriterien erlauben keine eindeutige Antwort auf die Frage, welchen Gesetzmäßigkeiten die Entwicklung des Bekleidungsverbrauchs seit 1950 folgte. Auch die Verkürzung der Referenzperiode gibt keinen Hinweis auf den „besten" Funktionstyp; der Wert des Bestimmtheitsmaßes r^2 verschlechtert sich sowohl für die doppellogarithmische als auch für die halblogarithmische Funktion deutlich, wenn man als Basiszeitraum 1960 bis 1972 anstelle von 1950 bis 1972 wählt.

Der Verlauf des Wertes des Elastizitätskoeffizenten läßt ebenfalls keine eindeutige Tendenz erkennen. Zwar ist der Wert dieses Koeffizienten, beginnend mit dem Zeitraum 1955 bis 1964, gefallen, für den Durchschnitt der Perioden 1962 bis 1971 und folgende deuten sich jedoch gewisse Stagnationstendenzen an. Dies würde die Auswahl der doppellogarithmischen Funktion nahelegen. Da sich jedoch deren statistische Prüfmaße bei Verkürzung der Referenzperiode erheblich verschlechtern, wurde als „bester" Funktionstyp die logistische Funktion ausgewählt, die unter allen getesteten Funktionen den höchsten Wert des Bestimmtheitsmaßes aufweist. Diese Funktion unterstellt zwar für die nächsten Jahre sinkende Elastizitäten. Wie jedoch aus Abbildung 17 ersichtlich ist, nimmt die Steigung der Kurve nur langsam ab; dementsprechend langsam sinkt auch der Wert des Elastizitätskoeffizenten.

Belgien

In Belgien war der Rückgang des Bekleidungsverbrauchs gegen Ende der fünfziger Jahre ausgeprägter und von größerer Dauer als in anderen vergleichbaren Industrieländern. Seit Anfang der sechziger Jahre hat sich jedoch das Wachstum des Bekleidungsverbrauchs in Belgien beschleunigt, in erster Linie bedingt durch eine langanhaltende Wachstumsphase der belgischen Volkswirtschaft.

Entwicklung der Käufe von Bekleidung (einschl. Schuhe) in den Niederlanden

- Schätzwerte auf der Basis einer doppellogarithmischen Funktion mit der erklärenden Variablen Einkommen -

Käufe von Bekleidung (einschl. Schuhe) pro Kopf in US - $
in Preisen und Wechselkursen von 1963

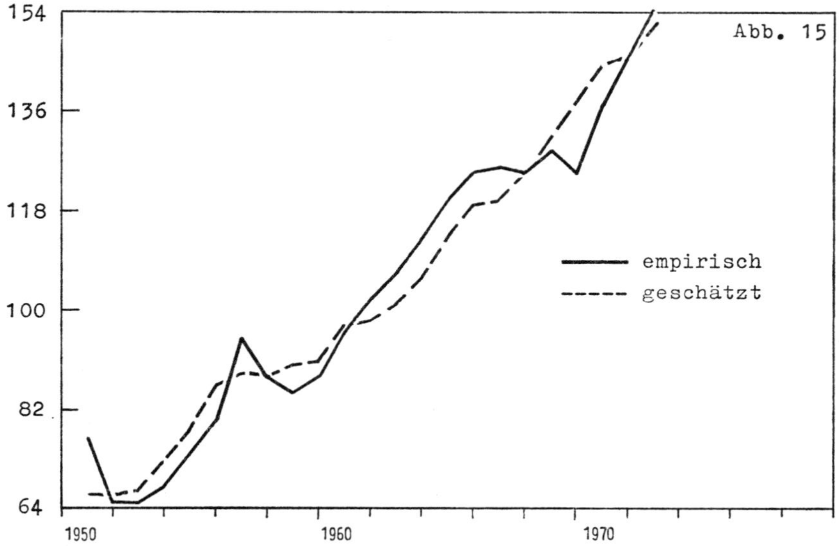

Abb. 15

- Schätzwerte auf der Basis einer halblogarithmischen Funktion mit der erklärenden Variablen Einkommen -

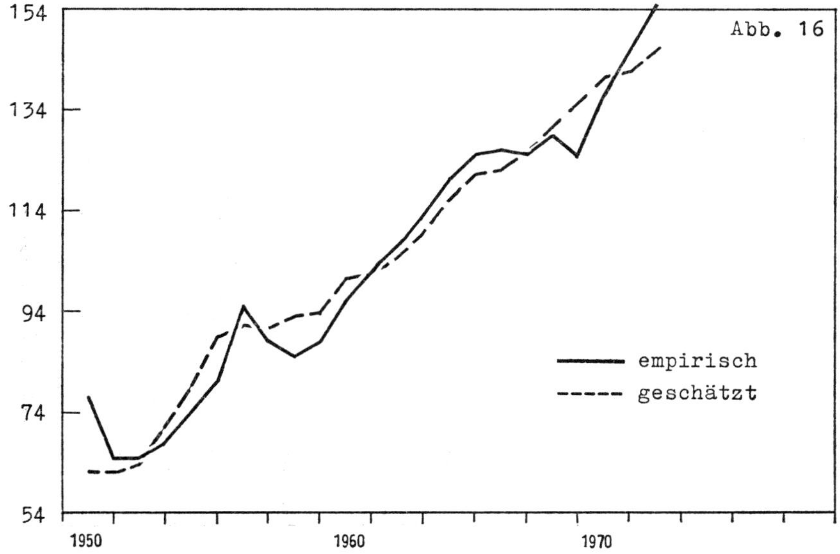

Abb. 16

Abb. 17

Zusammenhang zwischen Einkommen und Käufen von Bekleidung (einschl. Schuhe) in den Niederlanden

- Schätzgleichung in Form einer logistischen Funktion -

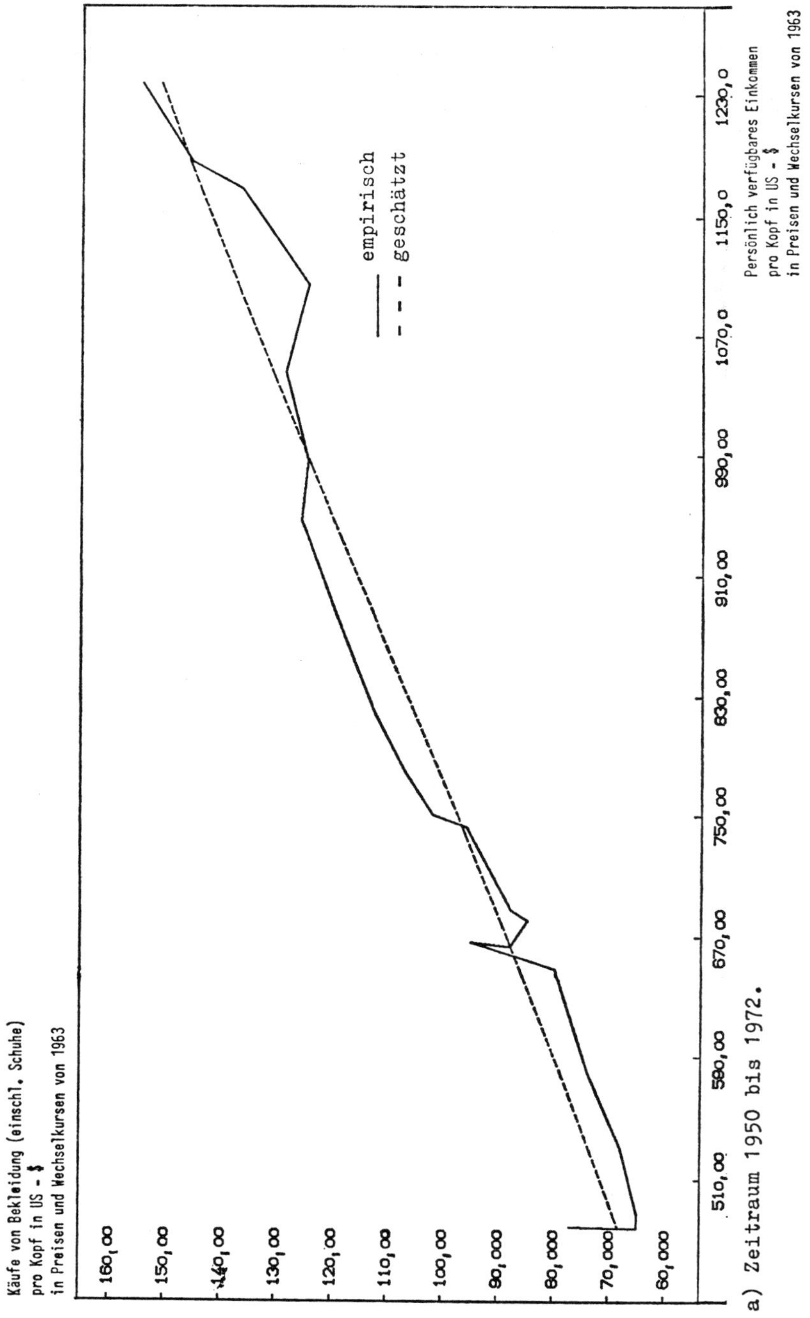

a) Zeitraum 1950 bis 1972.

Entwicklung der Käufe von Bekleidung (einschl. Schuhe) in Belgien

- Schätzwerte auf der Basis einer doppellogarithmischen Funktion mit der erklärenden Variablen Einkommen -

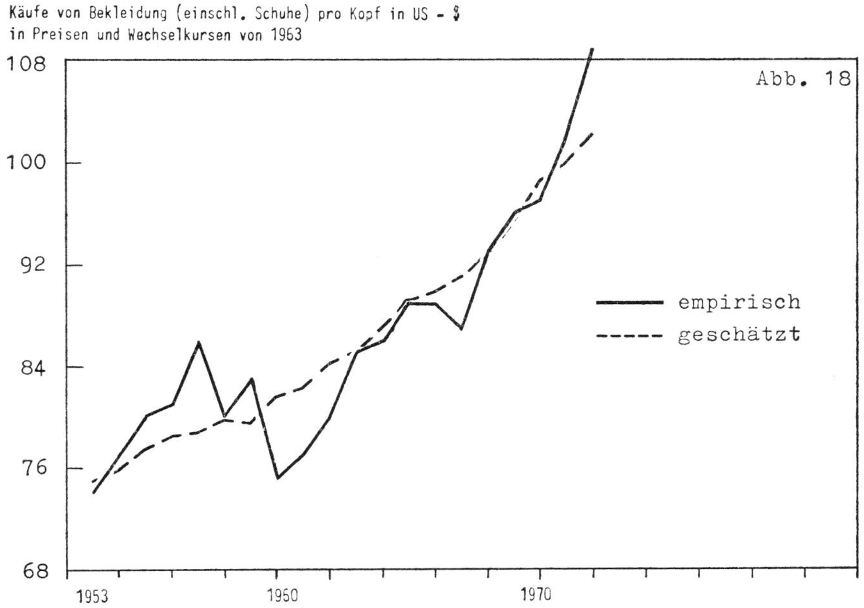

- Schätzwerte auf der Basis einer halblogarithmischen Funktion mit der erklärenden Variablen Einkommen -

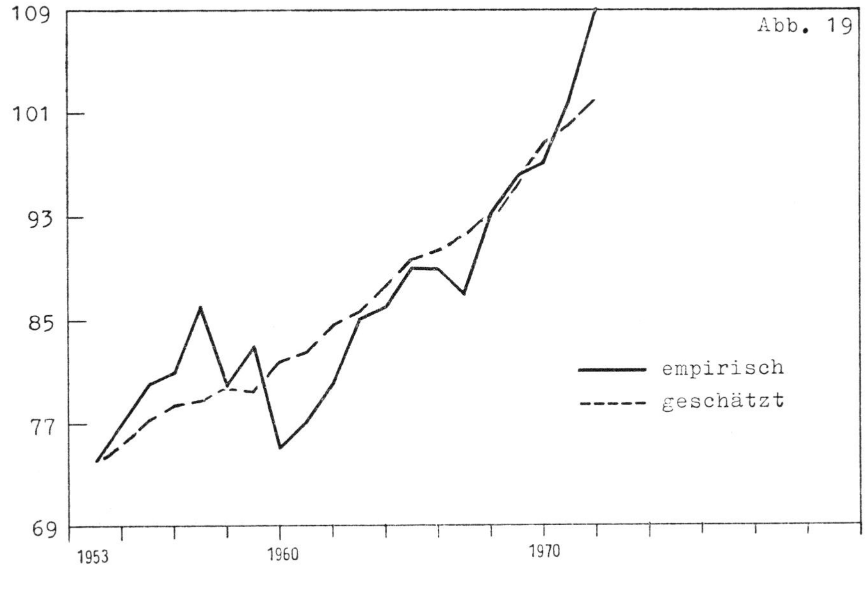

Abb. 20

Zusammenhang zwischen Einkommen und Käufen von Bekleidung (einschl. Schuhe) in Belgien[a)]

- Schätzgleichung in Form einer logistischen Funktion -

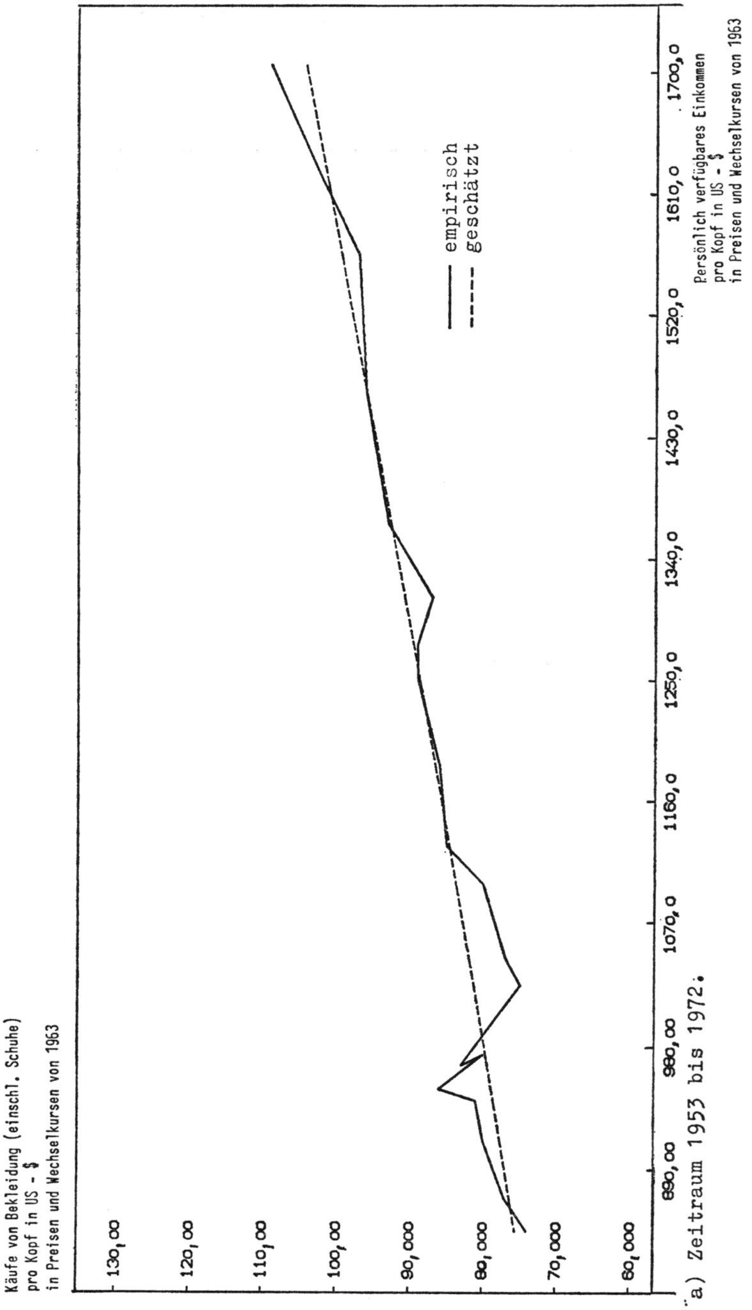

a) Zeitraum 1953 bis 1972.

Als Folge dieser in den fünfziger und sechziger Jahren recht unterschiedlichen Entwicklung liefert die Regressionsanalyse sämtlicher drei Funktionstypen für den Zeitraum 1953 bis 1972 relativ unbefriedigende Ergebnisse (vgl. Abbildungen 18 bis 20). Die statistischen Prüfkriterien für die doppellogarithmische und die halblogarithmische Funktion, basierend auf den Daten des Zeitraums 1960 bis 1972, zeigen dagegen einen verhältnismäßig engen Zusammenhang zwischen Einkommen und Bekleidungsverbrauch an; sie lassen jedoch — wegen ihrer fast gleichlautenden Werte — keine Entscheidung darüber zu, welcher der beiden Ansätze die langfristige Entwicklung des Bekleidungsverbrauchs am besten erklärt.

Aus der Entwicklung der Werte des Elastizitätskoeffizienten, die für gleitende Zeiträume berechnet wurden, läßt sich ebenfalls keine eindeutige Tendenz ablesen. Da jedoch der Elastizitätskoeffizient für den Zeitraum 1963 bis 1972 einen Wert erreicht hat, der im Vergleich zu jenem anderer Länder bereits relativ niedrig ist (vgl. Tabelle 16), ist ein weiteres Sinken sehr unwahrscheinlich. Aus diesem Grunde wurde der Prognose des Bekleidungsverbrauchs eine doppellogarithmische Funktion, basierend auf den Daten des Zeitraums 1960 bis 1972, zugrunde gelegt.

Vereinigtes Königreich

Der Bekleidungsverbrauch ist im Vereinigten Königreich seit 1950 — verglichen mit dem Wachstum in anderen Industrieländern — in unterdurchschnittlichem Maße angestiegen. Die Verbraucher reagierten auf konjunkturelle Rückschläge mit langanhaltender Kaufzurückhaltung (beispielsweise zu Anfang der fünfziger und sechziger Jahre). Diese Verhaltensweise der Verbraucher war nicht zuletzt bedingt durch die generelle Wachstumsschwäche der britischen Wirtschaft in der Nachkriegszeit.

Aufgrund der unstetigen Entwicklung des Bekleidungsverbrauchs liefert die Regressionsanalyse für die drei getesteten Funktionstypen für den Zeitraum 1950 bis 1972 relativ unbefriedigende Ergebnisse. Aus den Abbildungen 21 bis 23 geht hervor, daß zwischen den empirischen und den geschätzten Werten teilweise recht erhebliche Unterschiede bestehen. Dementsprechend liegt der Wert des Maßes für die Strammheit des Zusammenhangs zwischen Bekleidungsverbrauch und Einkommen für sämtliche Funktionstypen lediglich bei 0,9.

Eine qualitative Verbesserung der Analyseergebnisse erhält man durch Verkürzung der Referenzperiode auf den Zeitraum 1960 bis 1972. Der Wert des Bestimmtheitsmaßes erhöht sich sowohl für die doppellogarithmische als auch für die halblogarithmische Funktion auf jeweils über 0,97. Wegen der nahezu identischen Werte für beide Funktionstypen kann jedoch nicht entschieden werden, welche Gleichung den Zusammenhang zwischen Bekleidungsverbrauch und Einkommen am besten wiedergibt.

Der Wert der Einkommenselastizität des Bekleidungsverbrauchs lag in Großbritannien im Durchschnitt der Zeiträume 1960 bis 1969 und folgende ständig über 1 (vgl. Tabelle 16). Würde man unterstellen, daß sich diese Entwicklung auch in den nächsten Jahren fortsetzt, so ergäben sich Pro-Kopf-Werte des Bekleidungsverbrauchs, die — bei gleichem Einkommensniveau — erheblich über jenen der in den USA erreichten liegen würden. Da der Bekleidungsverbrauch in Großbritannien in der Vergangenheit immer — verglichen mit den anderen zu untersuchenden Ländern — auf einem mittleren Niveau lag, kommt der Hypothese, daß der Elastizitätskoeffizient des Bekleidungsverbrauchs in Zukunft konstant bleibt, nur geringe Wahrscheinlichkeit zu. Aus diesem Grunde wurde als „beste" Schätzgleichung die halblogarithmische Funktion (Zeitraum 1960 bis 1972) ausgewählt.

Irland

Die Entwicklung des Pro-Kopf-Verbrauchs von Bekleidung ist in Irland in den fünfziger Jahren durch weitgehende Stagnation gekennzeichnet. Diese Stagnation war auch für andere Größen der irischen Wirtschaft typisch. Seit Beginn der sechziger Jahre wurde die irische Wirtschaft vom weltweiten wirtschaftlichen Aufschwung erfaßt. Die Verbraucherausgaben für Bekleidung erhöhten sich insbesondere in der zweiten Hälfte der sechziger Jahre relativ stark. Dieser starke Anstieg war nicht zuletzt dadurch bedingt, daß in Irland das Niveau des Pro-Kopf-Verbrauchs von Bekleidung zu Anfang der siebziger Jahre relativ niedrig lag.

Infolge der seit Anfang der fünfziger Jahre recht diskontinuierlichen Entwicklung des Bekleidungsverbrauchs passen sich die Schätzwerte, die auf der Basis von drei Funktionstypen für den Zeitraum 1953 bis 1972 berechnet wurden, den tatsächlichen Werten nur ungenügend an (vgl. Abbildungen 24 bis 26). Bei der doppellogarithmischen und der halblogarithmischen Funktion erbringt die Analyse der Werte des Zeitraums 1960 bis 1972 etwas bessere Ergebnisse; hinsichtlich der Güte der statistischen Prüfkriterien stehen diese beiden Ansätze gleichwertig nebeneinander.

Anhaltspunkte über die Entwicklung des Bekleidungsverbrauchs in bezug zum Einkommen liefern die für gleitende Zeiträume berechneten Elastizitätskoeffizienten. Der Wert dieses Koeffizienten liegt seit 1959 bis 1968 erheblich über 1 (vgl. Tabelle 16). Es ist nicht damit zu rechnen, daß der Bekleidungsverbrauch auch in den kommenden Jahren schneller als das Einkommen wächst, und zwar deshalb, weil dies zu einem Niveau des Bekleidungsverbrauchs führen würde, das — bei gleichem Einkom-

Entwicklung der Käufe von Bekleidung (einschl. Schuhe) im Ver. Königreich

- Schätzwerte auf der Basis einer doppellogarithmischen Funktion mit der erklärenden Variablen Einkommen -

Käufe von Bekleidung (einschl. Schuhe) pro Kopf in US - $
in Preisen und Wechselkursen von 1963

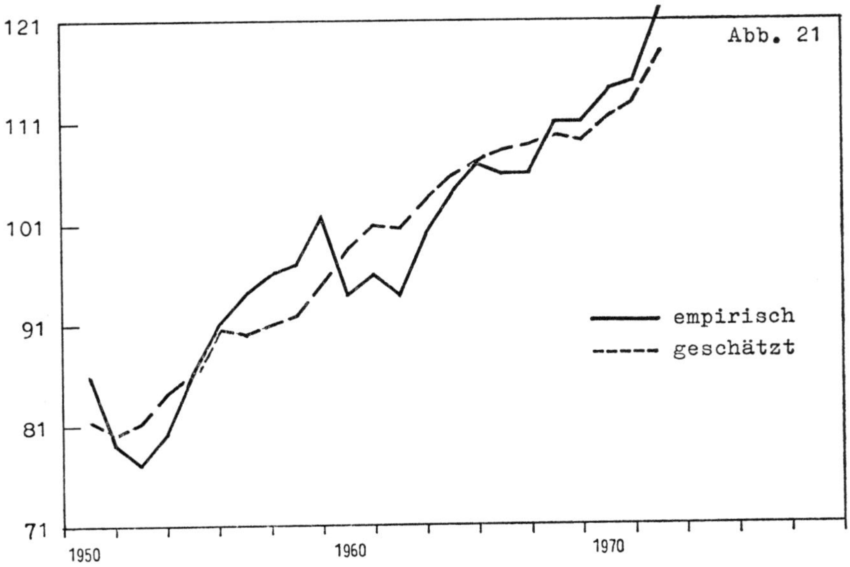

- Schätzwerte auf der Basis einer halblogarithmischen Funktion mit der erklärenden Variablen Einkommen -

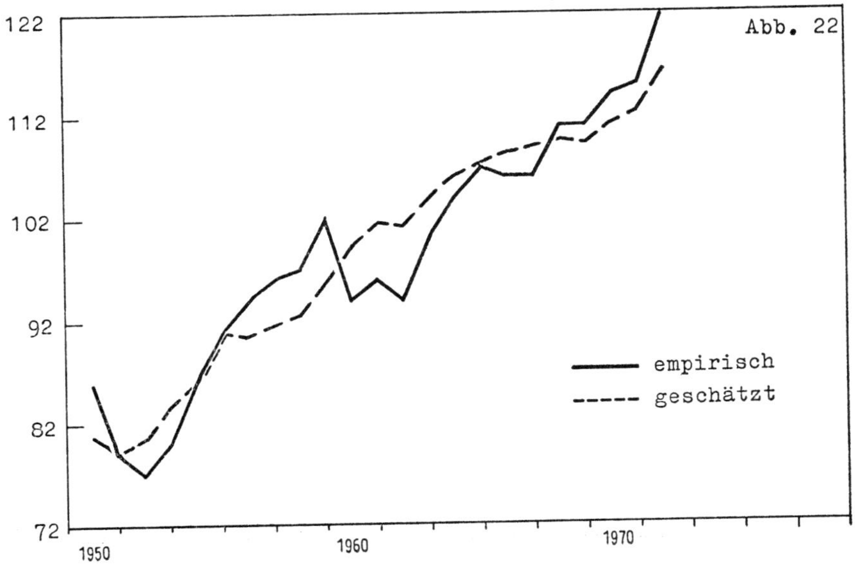

Abb. 23

Zusammenhang zwischen Einkommen und Käufen von Bekleidung (einschl. Schuhe) im Ver. Königreich

- Schätzgleichung in Form einer logistischen Funktion -

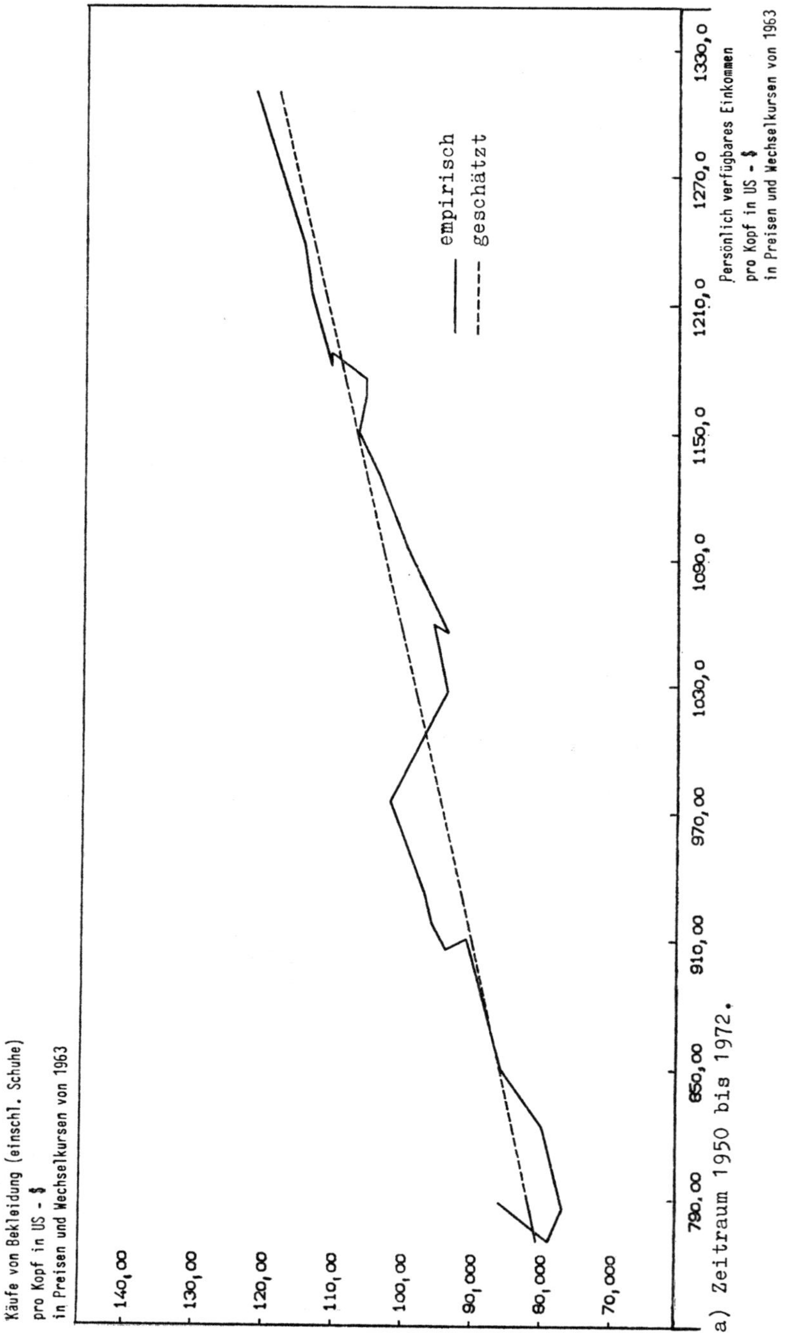

a) Zeitraum 1950 bis 1972.

Entwicklung der Käufe von Bekleidung (einschl. Schuhe) in Irland

- Schätzwerte auf der Basis einer doppellogarithmischen Funktion mit der erklärenden Variablen Einkommen -

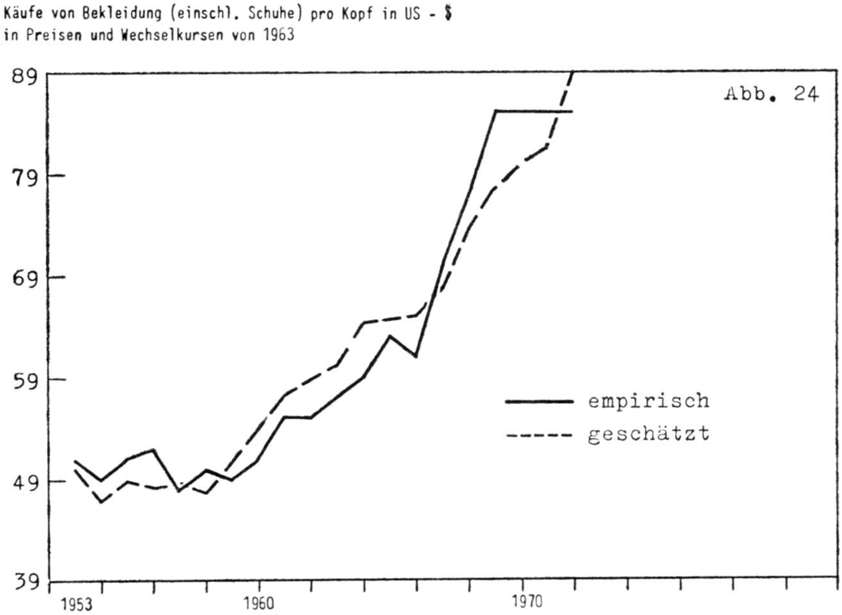

- Schätzwerte auf der Basis einer halblogarithmischen Funktion mit der erklärenden Variablen Einkommen -

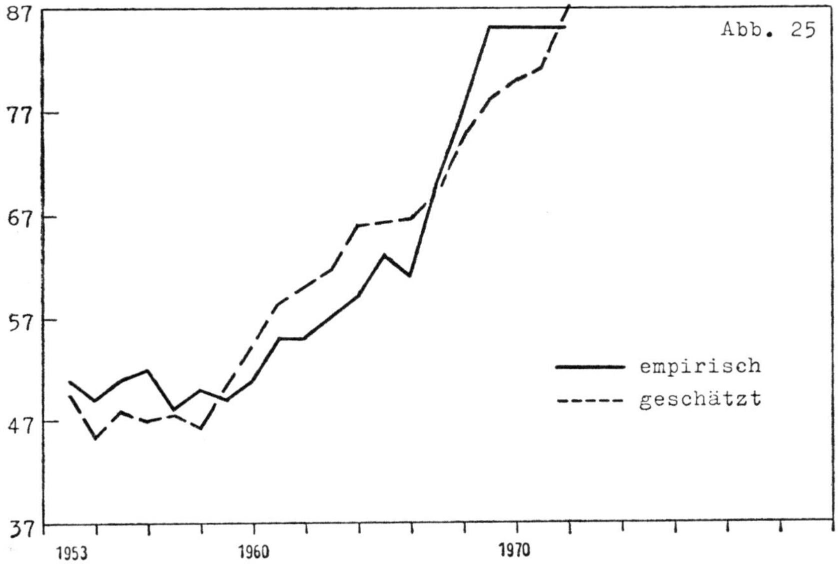

Abb. 26

Zusammenhang zwischen Einkommen und Käufen von Bekleidung (einschl. Schuhe) in Irland[a])

- Schätzgleichung in Form einer logistischen Funktion -

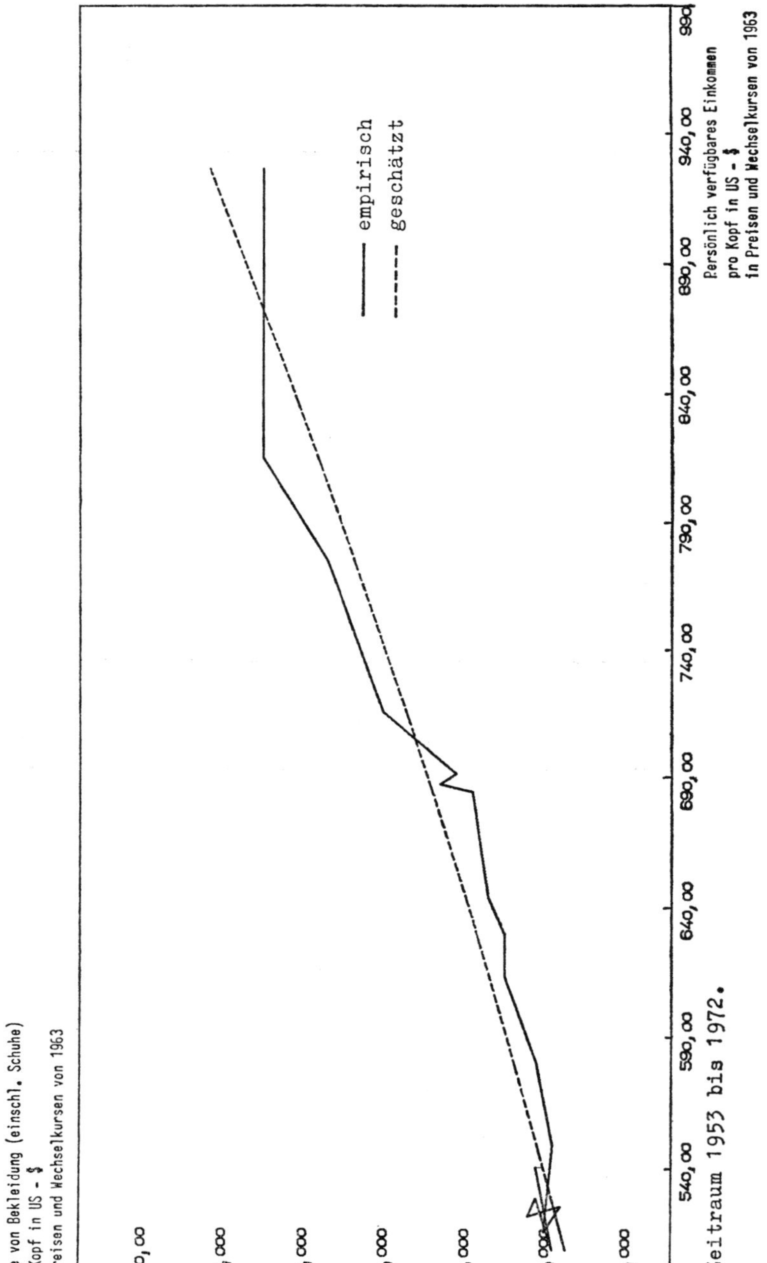

a) Zeitraum 1953 bis 1972.

men — beispielsweise höher als jenes der USA wäre. Demzufolge wurde als Schätzgleichung für die zukünftige Entwicklung des Bekleidungsverbrauchs die halblogarithmische Funktion ausgewählt (Zeitraum 1960 bis 1972).

Dänemark

Der Bekleidungsverbrauch lag in Dänemark zu Beginn der fünfziger Jahre relativ hoch. Die privaten Verbraucher dehnten daher bis zu Beginn der sechziger Jahre ihre Käufe von Bekleidung nicht aus. Die dänische Wirtschaft war in diesem Zeitraum durch eine ausgeprägte Wachstumsschwäche gekennzeichnet.

Seit Anfang der sechziger Jahre nimmt jedoch der Verbrauch von Bekleidung wieder zu, wenngleich nicht zu übersehen ist, daß die Entwicklung wenig kontinuierlich verläuft. Es ist daher verständlich, daß sich die Daten des Zeitraums 1950 bis 1972 nur ungenügend für eine Regressionsanalyse eignen. Die Abweichungen zwischen den auf regressionsanalytischem Wege geschätzten Werten und den tatsächlichen Werten des Bekleidungsverbrauchs sind für alle drei getesteten Funktionen teilweise recht erheblich (vgl. Abbildungen 27 bis 29). Das Bestimmtheitsmaß r^2 liegt für die drei Ansätze bei 0,8.

Die Verkürzung der Referenzperiode erbringt eine wesentliche Verbesserung der Ergebnisse der Regressionsanalyse. Für den Zeitraum 1960 bis 1972 beläuft sich der Wert des Bestimmtheitsmaßes der doppellogarithmischen Funktion auf 0,94, jener der halblogarithmischen Funktion auf 0,95. Diese Werte unterscheiden sich zwar nur wenig voneinander; gleichwohl dürfte dem Ansatz, der abnehmende Elastizitätskoeffizienten unterstellt (also die halblogarithmische Funktion), für die Zukunft ein größerer Wahrscheinlichkeitswert zukommen, was durch die Entwicklung des Elastizitätskoeffizienten seit dem Zeitraum 1961 bis 1970 bestätigt wird (vgl. Tabelle 16).

Schweden

Schweden zählte am Ende des Zweiten Weltkrieges zu jenen Ländern, die mit Bekleidungsartikeln bereits relativ gut versorgt waren. Dementsprechend niedrig war — insgesamt gesehen für den Zeitraum 1950 bis 1972 — das Wachstum des Pro-Kopf-Verbrauchs von Bekleidung. Perioden stärkeren Wachstums, wie zu Mitte der fünfziger und sechziger Jahre, wurden durch tiefe konjunkturelle Rückschläge unterbrochen. Der Rückschlag, der im Jahre 1970 einsetzte und bis in die jüngste Vergangenheit anhielt, scheint zu bestätigen, was bereits seit langer Zeit vermutet wurde: Der Pro-Kopf-Verbrauch von Bekleidung stößt in Schweden immer mehr an eine Sättigungsgrenze. Allerdings sind die verfügbaren Zahlenreihen

Entwicklung der Käufe von Bekleidung (einschl. Schuhe) in Dänemark

- Schätzwerte auf der Basis einer doppellogarithmischen Funktion mit der erklärenden Variablen Einkommen -

Käufe von Bekleidung (einschl. Schuhe) pro Kopf in US - $
in Preisen und Wechselkursen von 1963

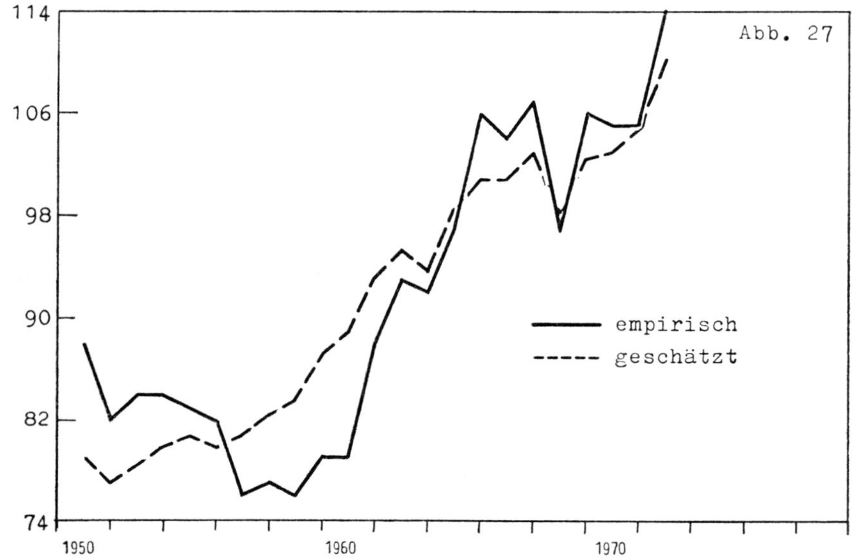

- Schätzwerte auf der Basis einer halblogarithmischen Funktion mit der erklärenden Variablen Einkommen -

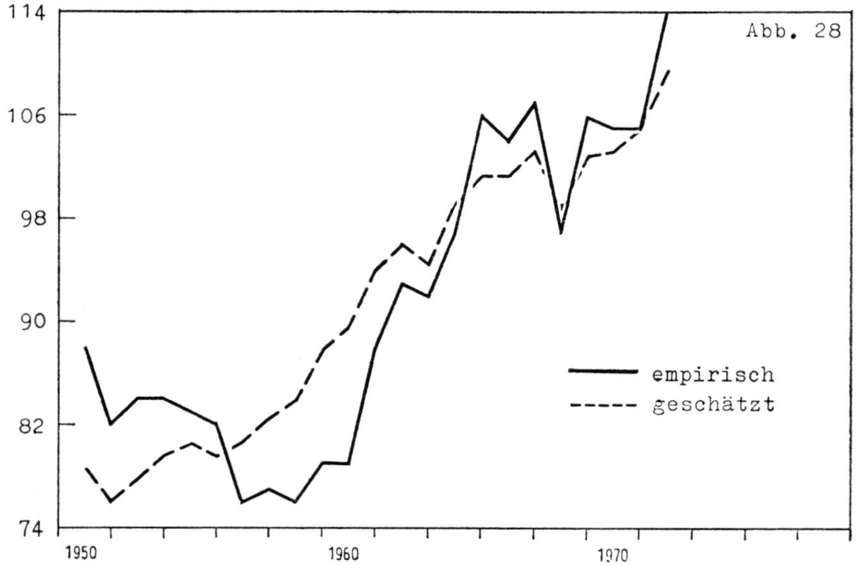

Abb. 29

Zusammenhang zwischen Einkommen und Käufen von Bekleidung (einschl. Schuhe) in Dänemark[a)]

- Schätzgleichung in Form einer logistischen Funktion -

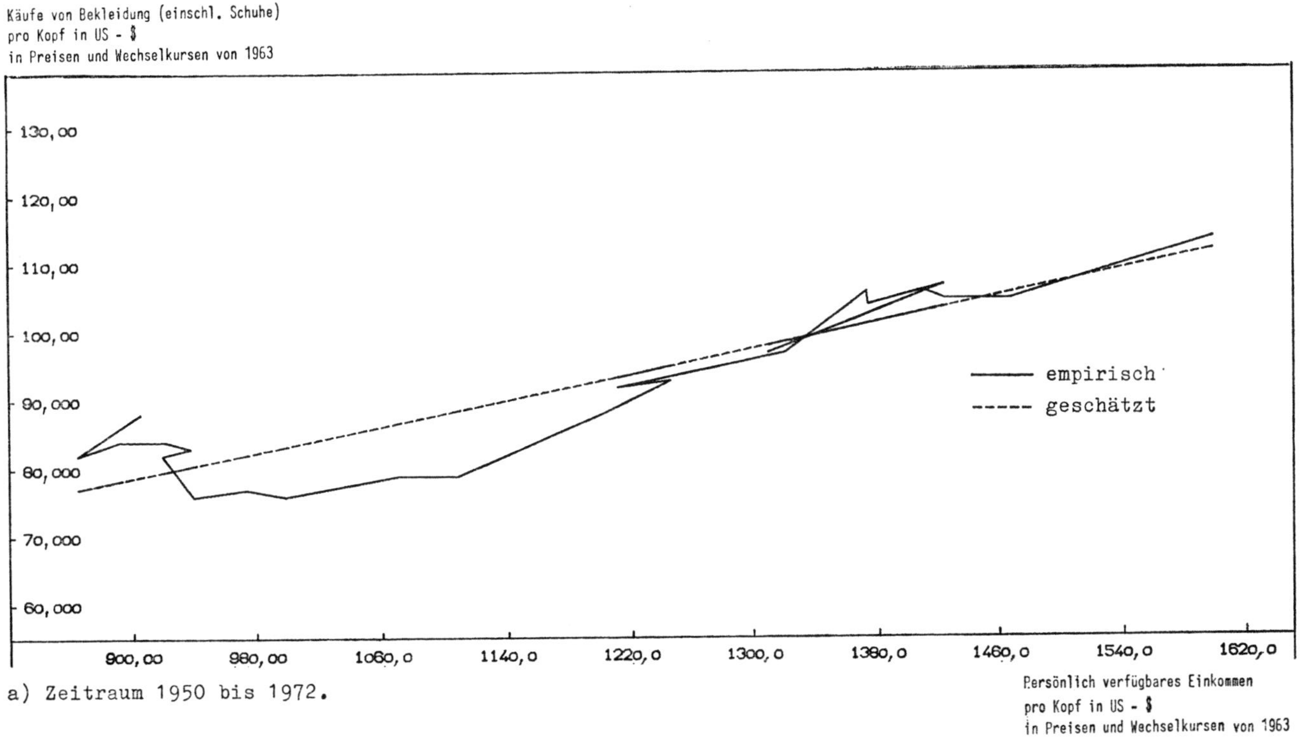

a) Zeitraum 1950 bis 1972.

immer noch zu kurz, um definitive Aussagen machen zu können; es kann nicht völlig ausgeschlossen werden, daß der seit Anfang der siebziger Jahre rückläufige Bekleidungsverbrauch in erster Linie auf die hohe Verschuldung der privaten Haushalte zurückzuführen ist.

Wegen der wenig kontinuierlichen Entwicklung des Bekleidungsverbrauchs im Zeitraum 1950 bis 1972 ist die Anpassung der auf regressionsanalytischem Wege errechneten Werte an die empirischen Werte nicht allzu gut (vgl. Abbildungen 30 bis 32). Die relativ beste Anpassung liefern die doppellogarithmische und die halblogarithmische Funktion; das Bestimmtheitsmaß r^2 erreicht allerdings für beide Funktionstypen einen Wert von nur 0,84. Auffällig ist, daß die Güte der Funktionen für den Zeitraum 1960 bis 1972 verhältnismäßig niedrig ist (der Wert von r^2 liegt jeweils nur knapp über 0,5). Dies ist in erster Linie durch den rückläufigen Verbrauch an Bekleidung zu Anfang der siebziger Jahre bedingt.

Aufgrund der rückläufigen Entwicklung des Bekleidungsverbrauchs seit 1970 bieten sich für eine Prognose nur jene Funktionen an, die für die Zukunft abnehmende Elastizitäten unterstellen. Von den beiden in Frage kommenden Funktionstypen wurde die halblogarithmische Funktion (für den Zeitraum 1950 bis 1972) ausgewählt, da diese hinsichtlich der statistischen Prüfkriterien etwas besser abschneidet als die logistische Funktion.

USA

Die Entwicklung des Bekleidungsverbrauchs war in den USA seit 1950 durch zwei Phasen gekennzeichnet: Stagnation des Verbrauchs in den fünfziger Jahren (ein kriegsbedingter Nachholbedarf war — wie in anderen Ländern — nicht vorhanden) sowie relativ hohes Verbrauchswachstum im Zeitraum 1960 bis 1972 (jahresdurchschnittliches Wachstum 3,2 %). Diese Wachstumsphase erfuhr allerdings in der zweiten Hälfte der sechziger Jahre eine längere Unterbrechung.

Dieser unausgeglichene Wachstumsverlauf ist die Ursache dafür, daß sich die empirischen Werte des Bekleidungsverbrauchs durch eine Funktion, die den gesamten Zeitraum 1950 bis 1972 umfaßt, nur ungenügend darstellen lassen (vgl. Abbildungen 33 bis 35). Durch Verkürzung der Referenzperiode kan die Güte der Anpassung der theoretischen an die empirischen Werte erheblich verbessert werden. Die halblogarithmische Funktion für den Zeitraum 1960 bis 1972 schneidet hinsichtlich der statistischen Prüfkriterien am besten ab. Die ex-post-Analyse deutet also darauf hin, daß der Elastizitätskoeffizient — zumindest was den Zeitraum seit 1960 betrifft — sinkt.

Es stellt sich die Frage, ob diese Aussage auch in den folgenden zehn Jahren Gültigkeit besitzt. Dem scheint insbesondere die Tatsache zu

Entwicklung der Käufe von Bekleidung (einschl. Schuhe) in Schweden

- Schätzwerte auf der Basis einer doppellogarithmischen Funktion mit der erklärenden Variablen Einkommen -

Käufe von Bekleidung (einschl. Schuhe pro Kopf in US - $
in Preisen und Wechselkursen von 1963

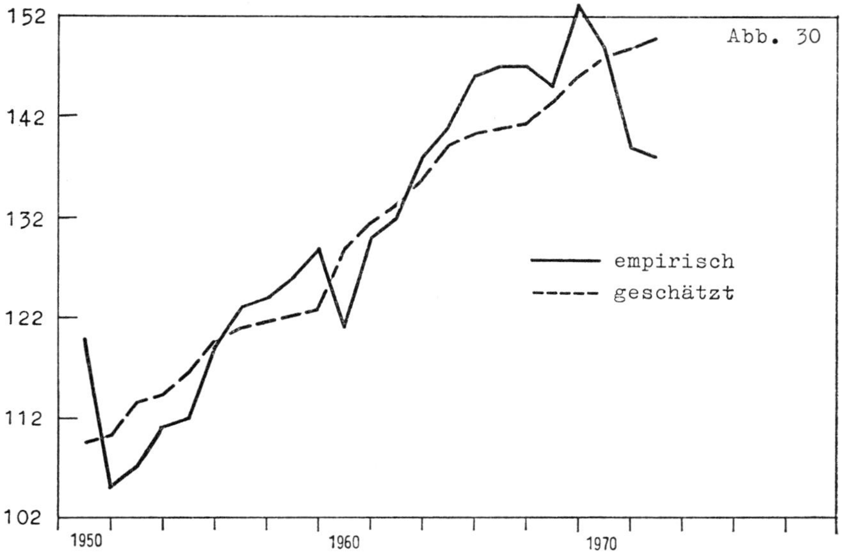

- Schätzwerte auf der Basis einer halblogarithmischen Funktion mit der erklärenden Variablen Einkommen -

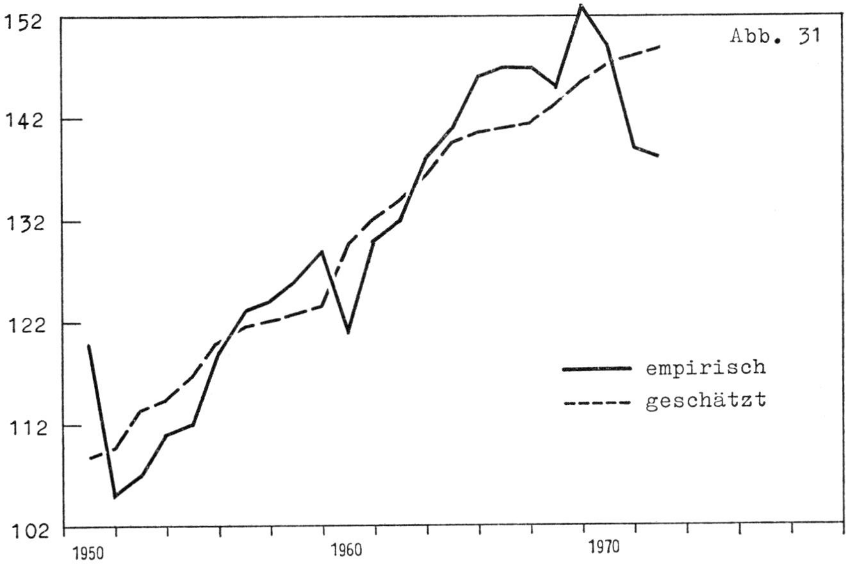

Abb. 32

Zusammenhang zwischen Einkommen und Käufen von Bekleidung (einschl. Schuhe) in Schweden[a)]

- Schätzgleichung in Form einer logistischen Funktion -

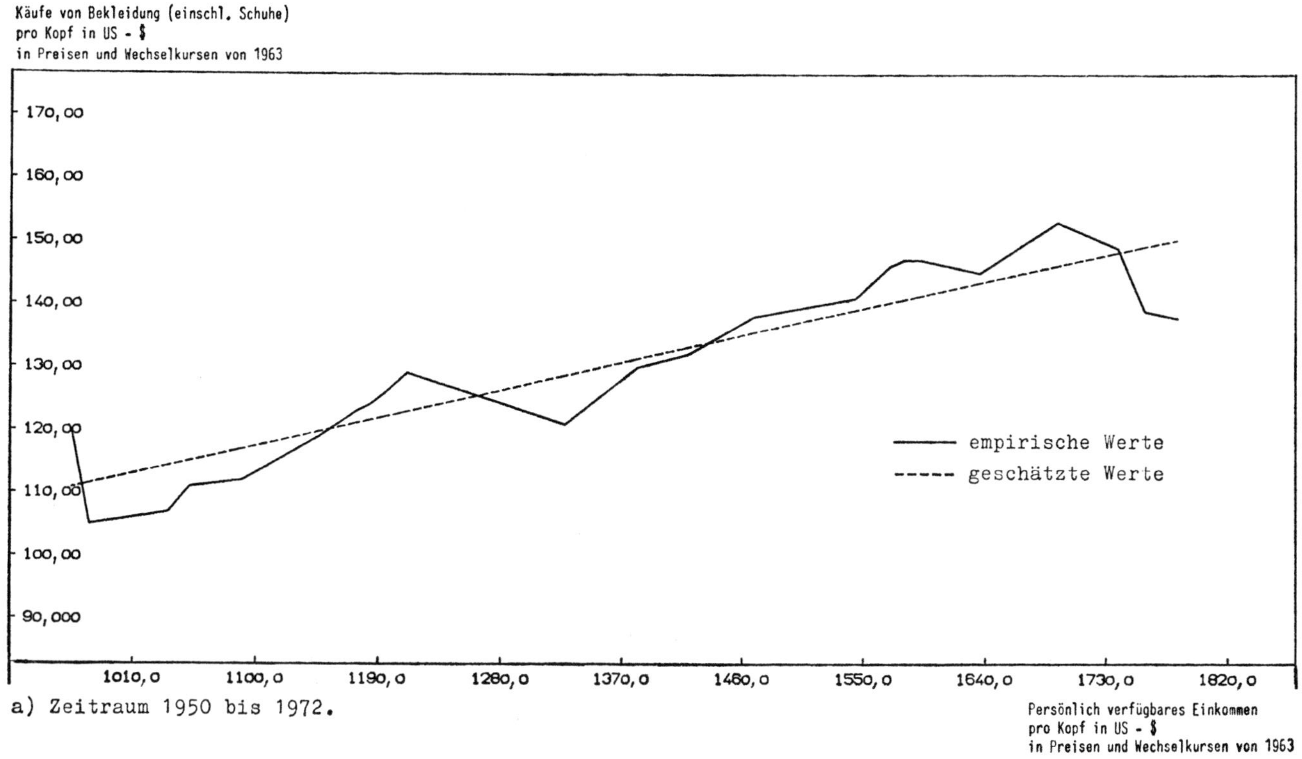

a) Zeitraum 1950 bis 1972.

Entwicklung der Käufe von Bekleidung (einschl. Schuhe) in den USA

- Schätzwerte auf der Basis einer doppellogarithmischen Funktion mit der erklärenden Variablen Einkommen -

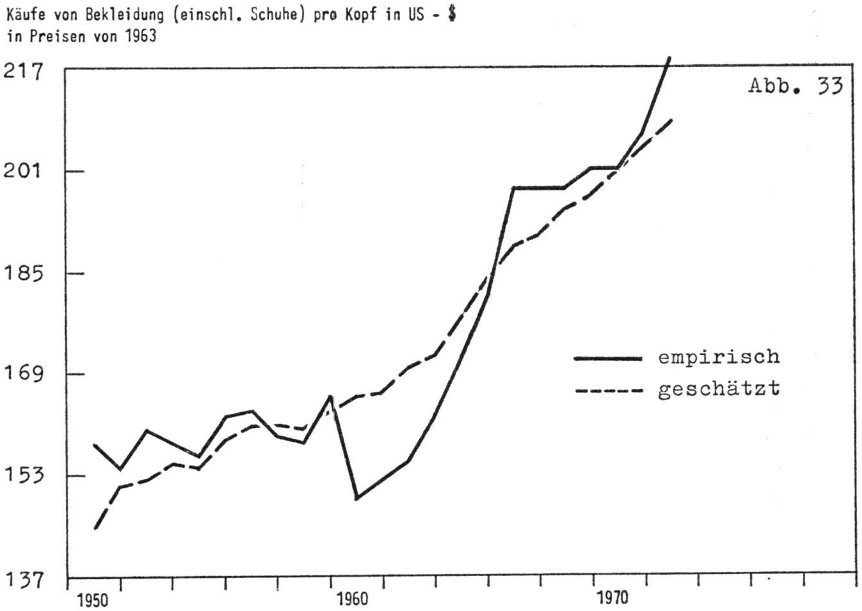

- Schätzwerte auf der Basis einer halblogarithmischen Funktion mit der erklärenden Variablen Einkommen -

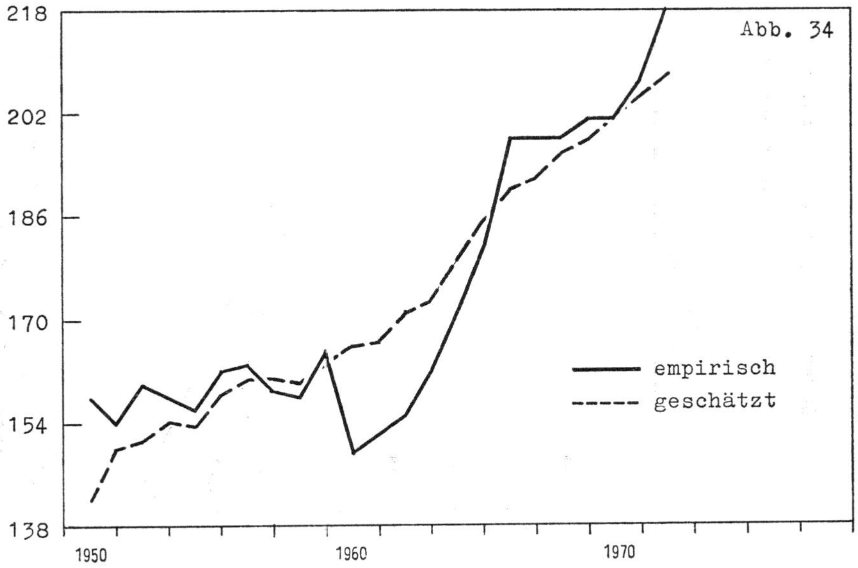

Abb. 35

Zusammenhang zwischen Einkommen und Käufen von Bekleidung (einschl. Schuhe) in den USA[a]

- Schätzgleichung in Form einer logistischen Funktion -

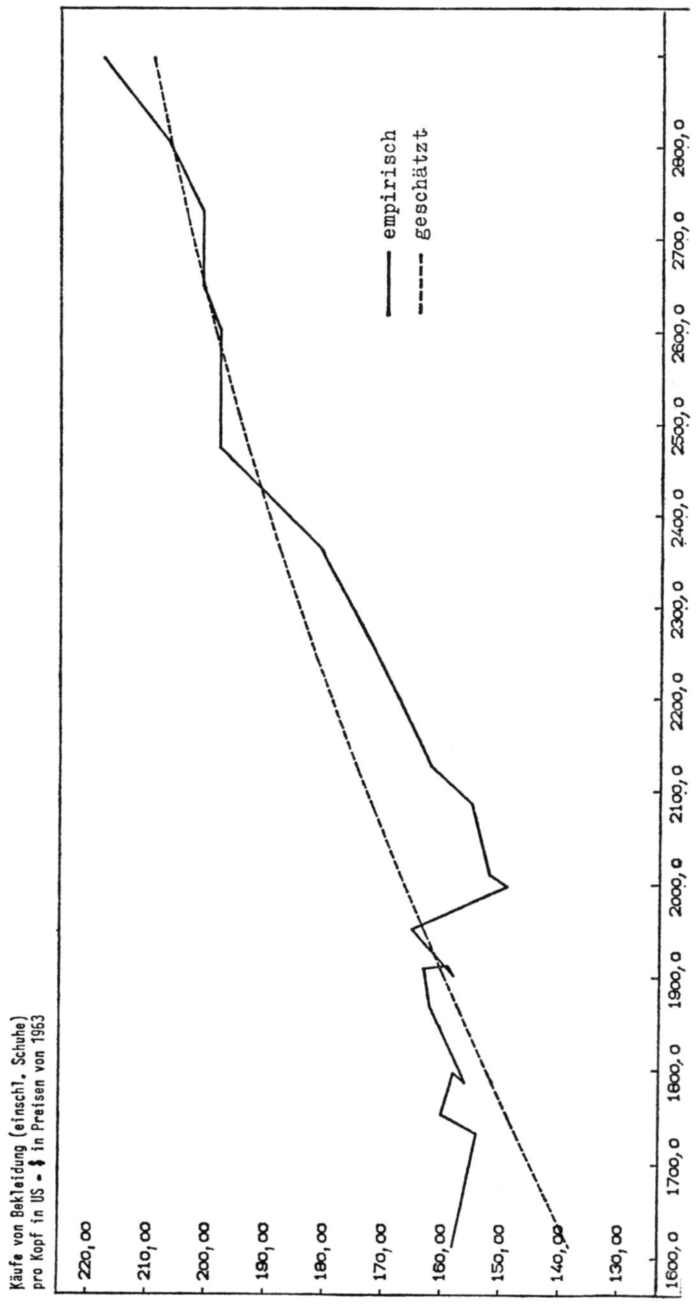

a) Zeitraum 1950 bis 1972.

widersprechen, daß der Verbraucher in den USA seine Bekleidungsstücke nicht so lange Zeit in Gebrauch hat wie beispielsweise der europäische Verbraucher, und zwar insbesondere deshalb, weil in den USA die modischen Tendenzen häufiger wechseln als in Europa. Allerdings ist nicht zu übersehen, daß dieser Modeeinfluß in seiner Bedeutung vielfach überschätzt wird. Die Einstellung des Konsumenten der Mode gegenüber ist nämlich gerade in jüngster Zeit kritischer geworden, bestimmte Modeerscheinungen werden nicht mehr wie früher kritiklos übernommen. Hinzu kommt, daß die jüngere Generation zwar nach wie vor als Avantgardist der Mode gilt, andererseits aber jahrelang an bestimmten Bekleidungsgewohnheiten festhält (beispielsweise an der Jeanskleidung oder am Gammel-Look). Außerdem ist darauf hinzuweisen, daß die Qualität — und damit der Preis — der in den USA getragenen Bekleidungsstücke im allgemeinen niedriger liegt als die Qualität der Produkte der europäischen Bekleidungsindustrie. Die in den USA kürzere Nutzungsdauer der Bekleidungsstücke muß also nicht unbedingt zu höheren Ausgaben für Bekleidung führen. Die genannten Faktoren lassen es als recht unwahrscheinlich erscheinen, daß in den USA das Wachstum des Bekleidungsverbrauchs in den nächsten zehn Jahren mit demjenigen des Einkommens Schritt hält.

Kanada

Die Entwicklung des Bekleidungsverbrauchs in Kanada zeigt gewisse Parallelen zu jener in den USA: Für die fünfziger Jahre ist eine weitgehende Stagnation festzustellen, während sich das Wachstum in den sechziger und frühen siebziger Jahren erheblich beschleunigte. Kanada erreichte 1972 — nach den USA — das höchste Verbrauchsniveau an Bekleidung in der westlichen Welt. Im Unterschied zu den USA verlief die Verbrauchsentwicklung in Kanada allerdings wesentlich ausgeglichener, so daß sie sich relativ gut durch eine Regressionsgleichung darstellen läßt (vgl. Abbildungen 36 bis 38).

Die besten Ergebnisse liefern die Regressionsansätze für den Zeitraum 1950 bis 1972. Die Verkürzung der Referenzperiode bei der doppel- und halblogarithmischen Funktion führt zu einer Verschlechterung der Güte der statistischen Prüfmaße. Dies ist dadurch bedingt, daß insbesondere zu Ende des Untersuchungszeitraums der Bekleidungsverbrauch schneller zunahm als das Einkommen, der Wert des Elastizitätskoeffizienten also tendenziell anstieg (vgl. auch Tabelle 16); doppel- und halblogarithmische Funktionen unterstellen jedoch konstante bzw. sinkende Elastizitätskoeffizienten.

Ein weiteres Ansteigen des Elastizitätskoeffizienten in den nächsten Jahren erscheint deshalb als ziemlich unwahrscheinlich, weil der Wert

Entwicklung der Käufe von Bekleidung (einschl. Schuhe) in Kanada

- Schätzwerte auf der Basis einer doppellogarithmischen Funktion mit der erklärenden Variablen Einkommen -

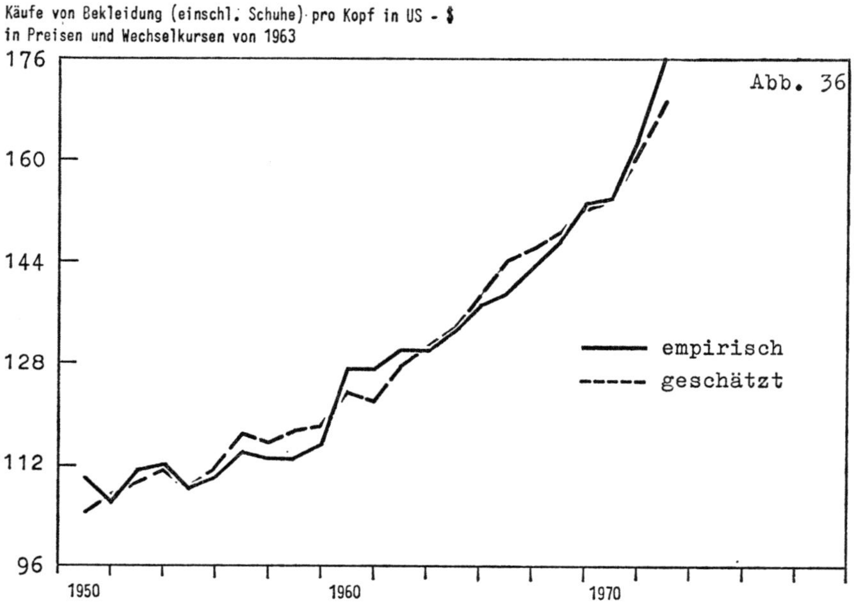

- Schätzwerte auf der Basis einer halblogarithmischen Funktion mit der erklärenden Variablen Einkommen -

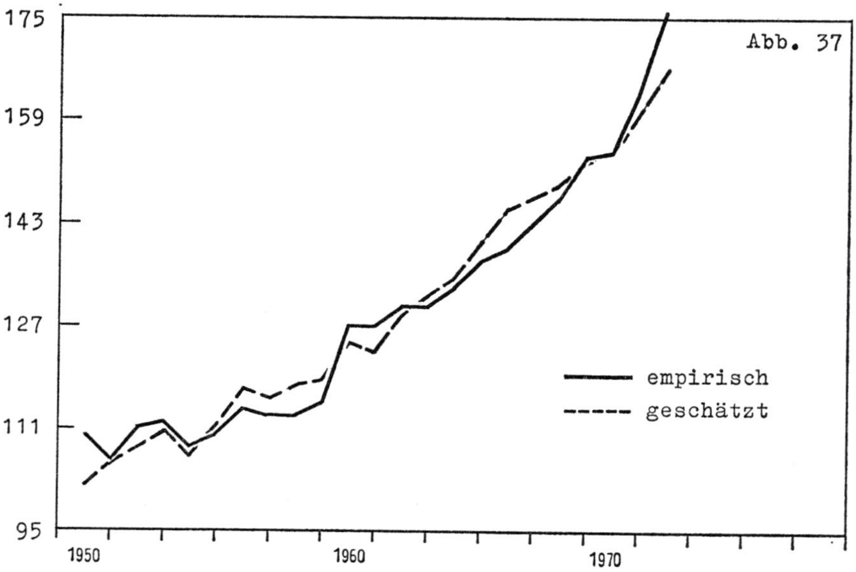

Abb. 38

Zusammenhang zwischen Einkommen und Käufen von Bekleidung (einschl. Schuhe) in Kanada[a)]

- Schätzgleichung in Form einer logistischen Funktion -

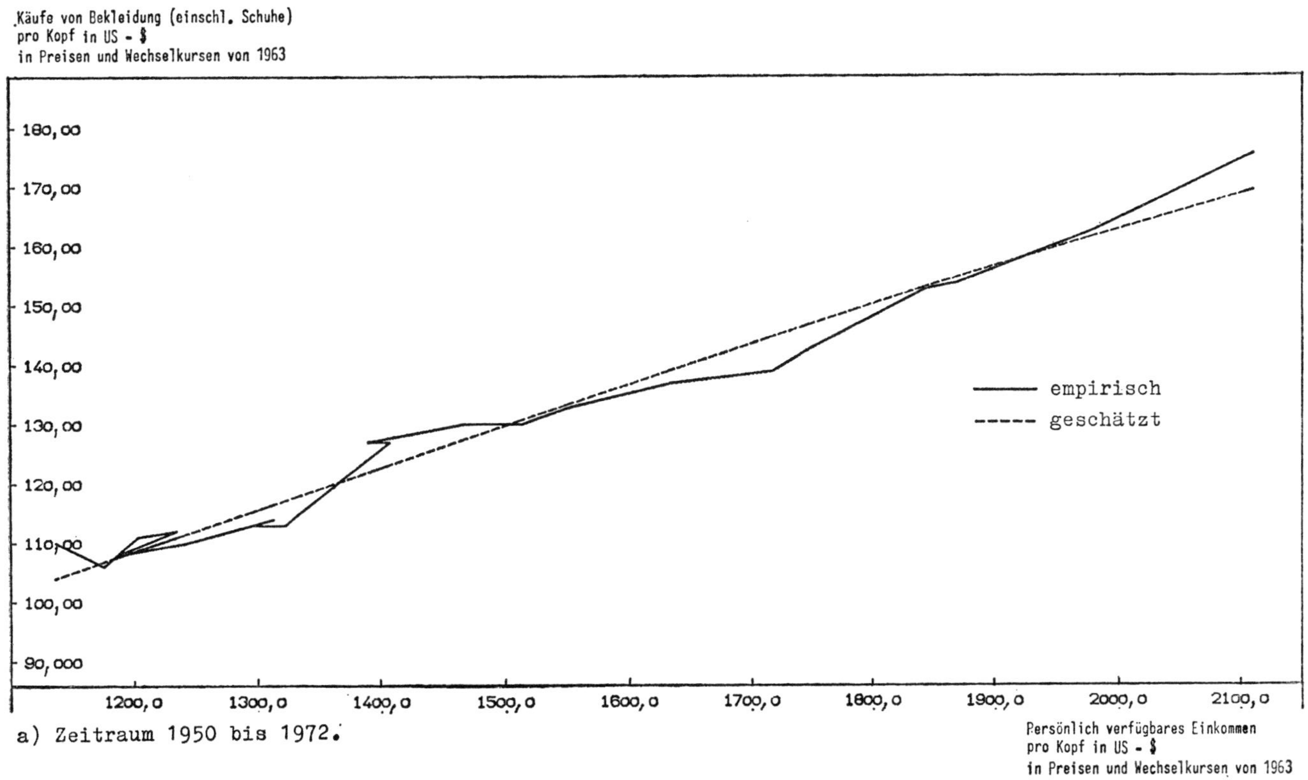

a) Zeitraum 1950 bis 1972.

dieses Koeffizienten mit 0,9 (für den Zeitraum 1963 bis 1972) bereits relativ hoch liegt. Außerdem ergäbe sich — würde man steigende Elastizität des Bekleidungsverbrauchs in bezug auf das Einkommen unterstellen — ein Pro-Kopf-Verbrauch von Bekleidung, der das Verbrauchsniveau in den USA (bei gleichem Einkommensniveau) wesentlich übersteigen würde. Der Bekleidungsverbrauch in Kanada wurde daher auf der Grundlage einer logistischen Funktion vorausgeschätzt. Diese Funktion impliziert zwar sinkende Elastizität; wie jedoch aus Abbildung 38 hervorgeht, nimmt die Steigung der Funktion bei wachsendem Einkommen nur wenig ab, d. h. der Elastizitätskoeffizient sinkt ebenfalls nur langsam.

Japan

Japan erlebte in der Zeit nach dem Zweiten Weltkrieg einen beispiellosen Wirtschaftsaufschwung. Dieser fand u. a. seinen Ausdruck in einem außerordentlich hohen Wachstum des Bekleidungsverbrauchs pro Kopf. In der Periode 1952 bis 1960 belief sich das jahresdurchschnittliche Wachstum auf 8,4 %, im Zeitraum 1960 bis 1972 betrug es immerhin noch 5,8 %. Damit steht Japan hinsichtlich des Wachstums des Bekleidungsverbrauchs unter sämtlichen westlichen Industrieländern an der Spitze.

Der Bekleidungsverbrauch weist in Japan eine relativ hohe Einkommensabhängigkeit auf. Dies zeigt sich deutlich an der guten Übereinstimmung von empirischen und (auf der Basis von doppel- und halblogarithmischen Funktionen) geschätzten Werten (vgl. Abbildungen 39 und 40). Weniger gut paßt sich dagegen eine logistische Funktion den empirischen Werten an. Während nämlich die theoretische Kurve bei dem angenommenen Sättigungsniveau von 220 US-$ in dem untersuchten Einkommensbereich konkav gekrümmt ist, also ihren Wendepunkt noch nicht erreicht hat, zeigen die empirischen Werte eindeutig eine konvexe Krümmung.

Die Vorausschätzung des Bekleidungsverbrauchs für Japan ist daher auf der Grundlage einer Logarithmusfunktion vorzunehmen. Obwohl die statistischen Prüfkriterien für die Auswahl der halblogarithmischen Funktion sprechen, wurde trotzdem auf die doppellogarithmische Funktion zurückgegriffen, insbesondere deshalb, weil ein weiteres Absinken des Elastizitätskoeffizienten, der im Zeitraum 1963 bis 1972 einen Wert von 0,61 erreichte, als unwahrscheinlich anzusehen ist.

Entwicklung der Käufe von Bekleidung (einschl. Schuhe) in Japan

- Schätzwerte auf der Basis einer doppellogarithmischen Funktion mit der erklärenden Variablen Einkommen -

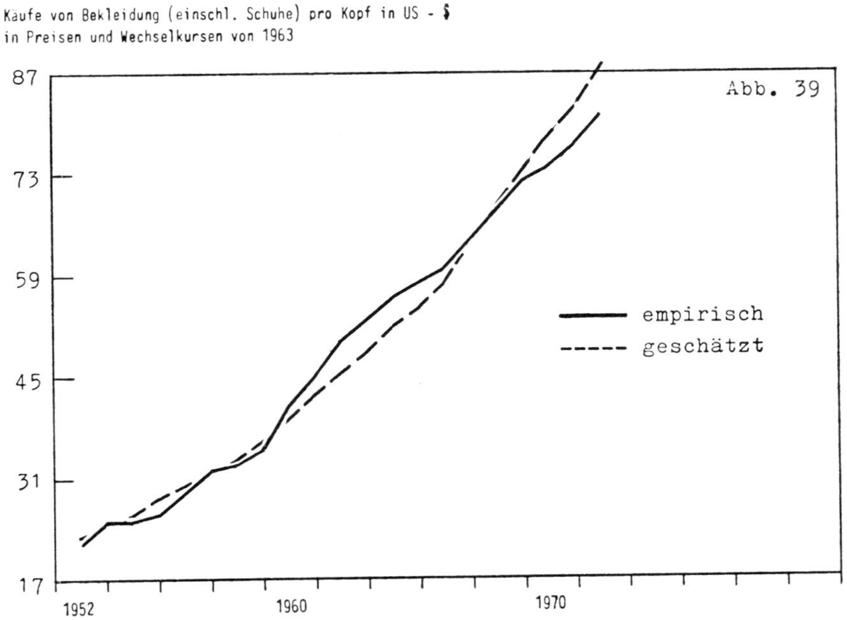

- Schätzwerte auf der Basis einer halblogarithmischen Funktion mit der erklärenden Variablen Einkommen -

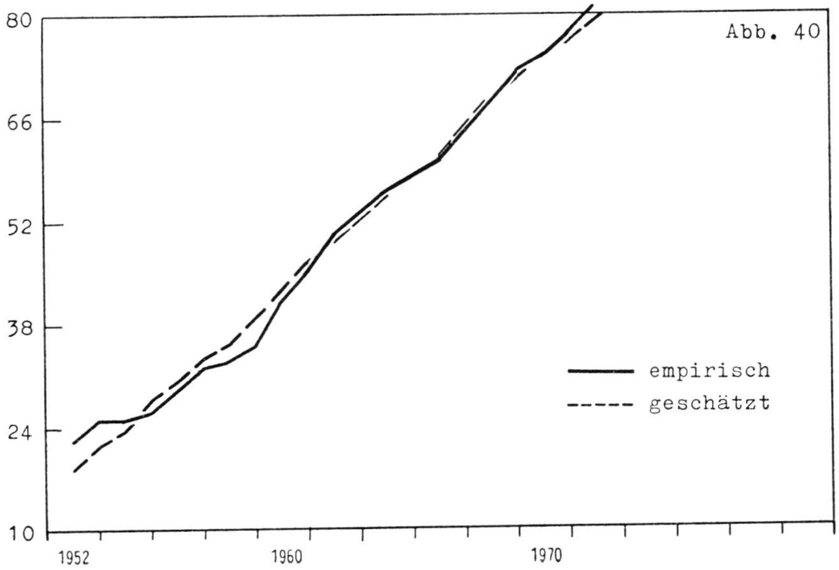

Abb. 41

Zusammenhang zwischen Einkommen und Käufen von Bekleidung (einschl. Schuhe) in Japan[a)]

- Schätzgleichung in Form einer logistischen Funktion -

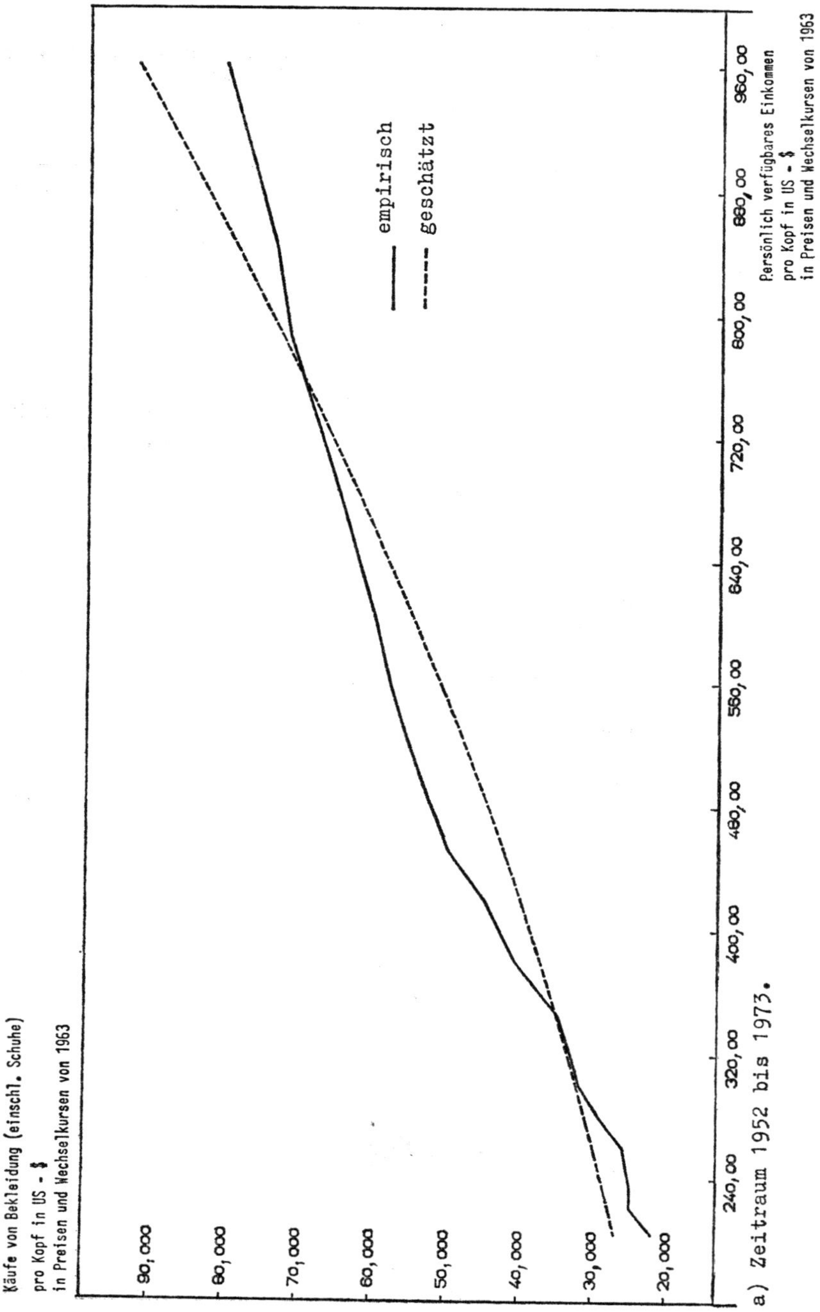

a) Zeitraum 1952 bis 1973.

c) Beurteilung der Ergebnisse der Regressionsanalyse

Als Fazit der Länderanalysen läßt sich festhalten, daß für die Beschreibung des bisherigen und zukünftigen Zusammenhangs zwischen Einkommen und Bekleidungsverbrauch bei der Hälfte der untersuchten Industrieländer, nämlich der BR Deutschland, Großbritannien, Irland, Dänemark, Schweden und den USA die halblogarithmische Funktion, bei drei Ländern, nämlich Italien, Belgien und Japan, die doppellogarithmische Funktion am besten geeignet erscheint. Lediglich für Frankreich, die Niederlande und Kanada genügt die logistische Funktion den an sie gestellten Anforderungen.

Diese Ergebnisse scheinen im Widerspruch zu stehen zu den Ergebnissen der Regressionsanalyse für die Gesamtheit der zwölf Industrieländer, derzufolge die logistische Funktion besser als andere Funktionstypen geeignet ist, die langfristige Entwicklung des Bekleidungsverbrauchs in Abhängigkeit vom Einkommen zu beschreiben. Dieser scheinbare Widerspruch liegt darin begründet, daß für die doppellogarithmische und halblogarithmische Funktion Regressionsansätze für jeweils zwei Zeiträume getestet wurden, nämlich für die Zeiträume 1950 bis 1972 und 1960 bis 1972.

Vergleicht man — für die einzelnen Länder — die Werte der statistischen Prüfmaße für die doppellogarithmische und halblogarithmische Funktion (auf der Basis der Daten von 1950 bis 1972) mit denen der logistischen Funktion, so zeigt sich, daß letztere im allgemeinen kaum merklich schlechter sind. Andererseits geht aus dem Vergleich der statistischen Prüfkriterien sowohl für die doppellogarithmische als auch für die halblogarithmische Funktion hervor, daß der Regressionsansatz mit der kürzeren Zeitbasis (1960 bis 1972) in den meisten Fällen wesentlich bessere Ergebnisse liefert. Dies ist darauf zurückzuführen, daß sich die Länderdaten einer kürzeren Zeitperiode an eine doppel- oder halblogarithmische Funktion relativ besser anpassen als jene einer längeren Zeitperiode, in der möglicherweise größere Strukturbrüche stattgefunden haben[11]. Im Rahmen einer Gesamtanalyse mit einer relativ großen Zahl von Beobachtungswerten heben sich dagegen die länderspezifischen Besonderheiten gegenseitig mehr oder weniger auf, so daß in diesem Fall eine Sättigungsfunktion für die Beschreibung des Zusammenhangs zwischen Bekleidungsverbrauch und Einkommen durchaus geeignet erscheint.

---

[11] Eine Sättigungsfunktion kann — im Gegensatz zu einer doppel- oder halblogarithmischen Funktion — derartige strukturelle Veränderungen berücksichtigen, da sie bis zu ihrem Wendepunkt steigende, nach ihrem Wendepunkt sinkende Elastizitäten unterstellt. Allerdings bedarf es, um diesen Kurvenverlauf empirisch nachweisen zu können, einer großen Zahl von Beobachtungswerten, die für einzelne Länder nur selten zur Verfügung stehen.

Die Vorausschätzung des Bekleidungsverbrauchs in den einzelnen Ländern wird jeweils auf der Basis einer Zeitreihe vorgenommen, deren letzter Wert sich auf das Jahr 1972 bezieht. Würde man auch die Werte für 1973 und 1974 berücksichtigen, so bestünde die Gefahr, daß die Schätzgleichungen eine zu ungünstige Entwicklung des Bekleidungsverbrauchs anzeigen würden. Aufgrund eines weltweiten Konjunkturrückschlags hielten nämlich in den vergangenen zwei Jahren die Ausgaben für Bekleidung in fast allen betrachteten Ländern mit dem Wachstum der Einkommen nicht Schritt, vielfach wurden sie sogar eingeschränkt (z. B. in der BR Deutschland).

In Tabelle 17 sind die Gleichungen, die der Vorausschätzung des Bekleidungsverbrauchs zugrunde gelegt werden, für die einzelnen Länder aufgeführt. Die Begründung für die Auswahl der Funktionen wurde in den Länderberichten gegeben.

4. Zukünftige Entwicklung des Bekleidungsverbrauchs

a) Zukünftige Entwicklung des Einkommens

Schätzungen über die zukünftige Entwicklung des persönlich verfügbaren Einkommens der privaten Haushalte, das als die wichtigste Bestimmungsgröße des Bekleidungsverbrauchs angesehen wird, liegen für die in die Untersuchung einzubeziehenden Länder im allgemeinen nicht vor. Dagegen sind Prognosen über die künftige Entwicklung des privaten Verbrauchs oder des Bruttoinlandsprodukts verfügbar. Man kann diese Prognosen als Hilfsgröße für die zu erwartende Entwicklung des Einkommens heranziehen; insbesondere zwischen privatem Verbrauch und Einkommen dürften keine größeren Wachstumsdifferenzen bestehen, da sich die Sparquote langfristig nur wenig ändert.

Die zukünftige Entwicklung des Einkommens im nächsten Jahrzehnt wurde aus externen Quellen abgeleitet. Für die Bundesrepublik Deutschland wurden die Daten einer langfristigen Prognose des Ifo-Instituts herangezogen. Die Schätzungen berücksichtigen die seit der Energiekrise zutagegetretenen verminderten Wachstumschancen in den Industrieländern.

Den Prognosen zufolge wird das Wachstum des persönlich verfügbaren Einkommens bis 1980 in Irland und Japan jahresdurchschnittlich bei über 6 % liegen (vgl. Tab. 18). In den anderen Ländern wird ein Wachstum zwischen 3 und 5 % jährlich erwartet. Soweit Prognosewerte bis 1985 vorliegen, zeigen sie für Japan ein weiterhin relativ hohes Wachstum der Einkommen an; in der Bundesrepublik Deutschland, in den Niederlanden, im Vereinigten Königreich und in den USA wird sich in der ersten Hälfte der achtziger Jahre das Einkommenswachstum voraussichtlich auf 3 bis 4 % jährlich belaufen.

Tabelle 17

Regressionsgleichungen für die Vorausschätzung des Bekleidungsverbrauchs

Land	Funktionstyp	Funktion	Stützzeitraum
BR Deutschland	halblogarithmisch	$y = -718{,}562 + 119{,}441 \ln x$	1960 - 1972
Frankreich	logistisch	$\ln (\frac{220}{y} - 1) = 1{,}385 - 0{,}00122\, x$	1950 - 1972
Italien	doppellogarithmisch	$\ln y = -1{,}981 + 0{,}915 \ln x$	1960 - 1972
Niederlande	logistisch	$\ln (\frac{220}{y} -1) = 1{,}796 - 0{,}00209\, x$	1950 - 1972
Belgien	doppellogarithmisch	$\ln y = -0{,}030 + 0{,}631 \ln x$	1960 - 1972
Ver. Königreich	halblogarithmisch	$y = -754{,}676 + 122{,}139 \ln x$	1960 - 1972
Irland	halblogarithmisch	$y = -528{,}002 + 90{,}621 \ln x$	1960 - 1972
Dänemark	halblogarithmisch	$y = -585{,}350 + 95{,}130 \ln x$	1960 - 1972
Schweden	halblogarithmisch	$y = -341{,}305 + 65{,}495 \ln x$	1950 - 1972
USA	halblogarithmisch	$y = -1213{,}39 + 179{,}480 \ln x$	1960 - 1972
Kanada	logistisch	$\ln (\frac{240}{y} - 1) = 1{,}611 - 0{,}00118\, x$	1950 - 1972
Japan	doppellogarithmisch	$\ln y = -0{,}317 + 0{,}688 \ln x$	1960 - 1972

Erklärung der Symbole:

y: Käufe von Bekleidung pro Kopf in US-$ in Preisen und Wechselkursen von 1963.

x: Persönlich verfügbares Einkommen pro Kopf in US-$ in Preisen und Wechselkursen von 1963.

Tabelle 18

Zukünftige Entwicklung des persönlich verfügbaren Einkommens[a)]
(Durchschnittliche jährliche Wachstumsraten in %)

Land	Insgesamt 1972/80	Insgesamt 1980/85	Pro-Kopf-Werte 1972/80	Pro-Kopf-Werte 1980/85
BR Deutschland	+ 3,3	+ 3,9	+ 3,2	+ 3,9
Frankreich	+ 4,9	.	+ 3,9	.
Italien	+ 4,0	.	+ 3,3	.
Niederlande	+ 4,0	+ 3,0	+ 3,0	+ 2,1
Belgien	+ 3,8	.	+ 3,6	.
Verein. Königreich	+ 3,0	+ 3,7	+ 2,4	+ 3,2
Irland	+ 6,2	.	+ 5,3	.
Dänemark	+ 3,0	.	+ 2,7	.
Schweden	+ 4,0	.	+ 3,4	.
USA	+ 4,6	+ 3,4	+ 3,7	+ 2,3
Kanada	+ 4,7	.	+ 2,9	.
Japan	+ 6,4	+ 6,7	+ 5,4	+ 5,9

a) In konstanten Preisen.

Quelle: Ifo-Institut für Wirtschaftsforschung;
Industriens Utredningsinstitut, Stockholm;
U.S. Department of Labor, Bureau of Labor Statistics: The U.S. Economy in 1985 - A Summary of BLS Projections, Washington, D.C., 1974, S. 30;
OECD, Energy Prospects to 1985 - An Assessment of Long Term Energy Developments and Related Policies, Paris 1974, S. 43;
Industrial Structure Council, Direction for Japan's Industrial Structure, 1974, S. 54;
eigene Berechnungen.

b) Schätzergebnisse

Mit Hilfe der ausgewählten Regressionsgleichungen kann die trendmäßige Entwicklung des Verbrauchs von Bekleidung vorausgeschätzt werden. Den Berechnungen zufolge wird bis 1980 der Pro-Kopf-Verbrauch von Bekleidung in Irland mit einer jahresdurchschnittlichen Rate von gut 5 % am schnellsten steigen; dies ist durchaus plausibel, da in diesem Land das Verbrauchsniveau derzeit noch relativ niedrig ist. In den anderen Ländern dürfte sich — unter den der Prognose zugrunde gelegten Annahmen — das Wachstum des Bekleidungsverbrauchs in den nächsten Jahren teilweise erheblich verlangsamen, im Vereinigten Königreich wird es sogar stagnieren (vgl. Tab. 19). Für Schweden zeigt die Prognose eine Beschleunigung des Verbrauchswachstums im Vergleich zum Zeitraum 1960 - 1972, in dem der Bekleidungsverbrauch nur wenig ausgedehnt wurde.

In der ersten Hälfte der achtziger Jahre dürften die privaten Haushalte ihre Ausgaben für Bekleidung in jenen Ländern, für die Informationen über das zukünftige Wachstum der Einkommen verfügbar sind, etwa im selben Maße erhöhen wie in den siebziger Jahren. Nur in den USA wird sich das Wachstum voraussichtlich erheblich verlangsamen. Gleich-

Tabelle 19

Zukünftige Entwicklung des Pro-Kopf-Verbrauchs von Bekleidung (einschl. Schuhe)

Land	US-$[a]				Durchschnittliche jährliche Wachstumsrate in %		
	1960	1972	1980	1985	1960/72	1972/80	1980/85
BR Deutschland	105	165	192	215	+ 3,8	+ 1,9	+ 2,3
Frankreich	97	148	184	.	+ 3,6	+ 2,7	.
Italien	47	84	109	.	+ 5,0	+ 3,3	.
Niederlande	96	155	179	190	+ 4,1	+ 1,8	+ 1,2
Belgien	75	109	127	.	+ 3,1	+ 2,0	.
Verein. Königreich	94	122	145	164	+ 2,2	+ 2,2	+ 2,5
Irland	51	85	129	.	+ 4,4	+ 5,4	.
Dänemark	79	114	137	.	+ 3,1	+ 2,3	.
Schweden	121	138	167	.	+ 1,1	+ 2,4	.
USA	149	218	269	290	+ 3,2	+ 2,6	+ 1,6
Kanada	127	176	198	.	+ 2,8	+ 1,5	.
Japan	41	81	109	133	+ 5,9	+ 3,8	+ 4,1

a) In Preisen und Wechselkursen von 1963.

wohl wird in den USA das absolute Verbrauchsniveau weiterhin beträchtlich ansteigen. Der Pro-Kopf-Verbrauch wird sich den Berechnungen zufolge 1980 auf 269 US-$ und 1985 auf 290 US-$ (jeweils in Preisen von 1963) belaufen. Diese Werte liegen erheblich über dem Sättigungsniveau der logistischen Funktion für die Gesamtheit der zwölf untersuchten Länder (235 US-$, vgl. Kapitel IV.3.a).

Aus Abbildung 42 ist die trendmäßige Entwicklung des Pro-Kopf-Verbrauchs von Bekleidung in den kommenden fünf bzw. zehn Jahren zu ersehen; die Verbrauchskurven für die einzelnen Länder werden auch weiterhin — wie bereits in der Vergangenheit — in einem relativ eng begrenzten Korridor liegen.

Multipliziert man die prognostizierten Werte für den Pro-Kopf-Verbrauch an Bekleidung mit der künftigen Bevölkerungszahl des jeweiligen Landes (vgl. Tab. 20)[12], so erhält man den Gesamtverbrauch an Bekleidung. Sein Wachstum ist — wegen der zu erwartenden Zunahme der Bevölkerungszahl— im allgemeinen höher als das Wachstum des Pro-Kopf-Verbrauchs an Bekleidung (vgl. Tab. 21). In der Bundesrepublik ist in der ersten Hälfte der achtziger Jahre mit einer Stagnation der Bevölkerungszahl zu rechnen; dementsprechend werden sich die Wachstumsraten des Pro-Kopf-Verbrauchs sowie des Gesamtverbrauchs von Bekleidung ab 1980 einander angleichen.

c) Vergleich mit anderen Prognosen

Über die künftige Entwicklung des Textilverbrauchs der privaten Haushalte liegt bereits eine Reihe von Untersuchungen vor (vgl. Tab. 22). Vergleicht man die Ergebnisse dieser Untersuchungen mit den vorgelegten Schätzwerten, so zeigt sich, daß letztere das zukünftige Wachstum des Bekleidungsmarktes wesentlich weniger optimistisch darstellen. Die Differenz liegt in erster Linie darin begründet, daß die von anderen Institutionen durchgeführten Vorausschätzungen des Bekleidungsverbrauchs teilweise bereits mehrere Jahre zurückliegen und die seit der Energiekrise sichtbar gewordenen verminderten Wachstumschancen der Industrieländer nicht berücksichtigen. Lediglich die Prognosen des U.S. Department of Labor wurden auf der Basis von Daten erstellt, welche diesen Wandlungen Rechnung tragen. Die Ergebnisse dieser Prognosen weichen demzufolge auch nur wenig von den in dieser Untersuchung erarbeiteten ab.

---

[12] Die zukünftige Bevölkerungszahl für die Bundesrepublik Deutschland ist eine Schätzung des Ifo-Instituts, jene für die USA eine Schätzung des U.S. Department of Labor Statistics; für sämtliche anderen Länder wurden den Berechnungen die Ergebnisse einer Bevölkerungsvorausschätzung der OECD zugrunde gelegt (genaue Quellenangabe siehe Tabelle 20).

Regressionsfunktionen für den Zusammenhang zwischen dem verfügbaren Einkommen und den Ausgaben für Bekleidung (einschl. Schuhe)

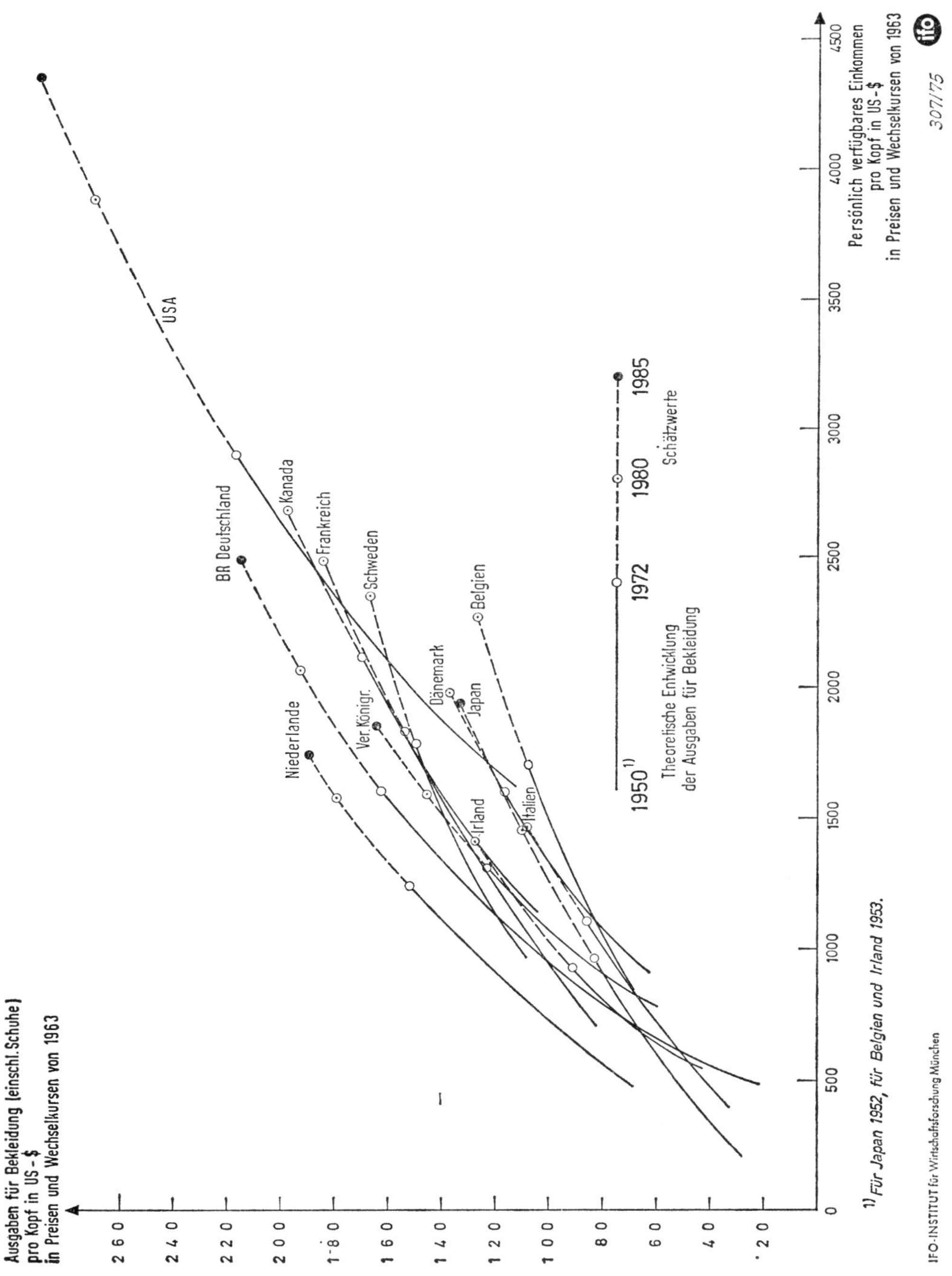

1) Für Japan 1952, für Belgien und Irland 1953.

Tabelle 20

Zukünftige Entwicklung der Bevölkerung

(in 1000)

Land	1972	1980	1985
BR Deutschland	61 669	62 145	62 019
Frankreich	51 700	55 879	59 020
Italien	54 411	57 250	58 633
Niederlande	13 330	14 395	15 098
Belgien	9 711	9 867	9 933
Verein. Königreich	55 882	58 607	60 154
Irland	3 014	3 219	3 385
Dänemark	4 992	5 107	5 188
Schweden	8 127	8 482	8 675
USA	208 842	224 134	235 699
Kanada	21 848	24 960	.
Japan	106 960	115 972	120 798

Quelle: Ifo-Institut für Wirtschaftsforschung; OECD, Demographic Trends 1970-1985 in OECD Member Countries, Paris 1974, S. 32 ff; U.S. Department of Labor Statistics: The U.S. Economy in 1985 - A Summary of BLS Projections, Washington D.C., 1974, S. 9.

Tabelle 21

Zukünftige Entwicklung der Käufe von Bekleidung (einschl. Schuhe)

Land	Mill. US-$ [a]				Durchschnittliche jährliche Wachstumsrate in %		
	1960	1972	1980	1985	1960/72	1972/80	1980/85
BR Deutschland	5 820	10 175	11 932	13 334	+ 4,8	+ 2,0	+ 2,3
Frankreich	4 431	7 652	10 282	.	+ 4,7	+ 3,7	.
Italien	2 359	4 571	6 240	.	+ 5,7	+ 4,0	.
Niederlande	1 103	2 066	2 577	2 869	+ 5,4	+ 2,8	+ 2,1
Belgien	686	1 058	1 253	.	+ 3,7	+ 2,1	.
Verein. Königreich	4 941	6 818	8 498	9 865	+ 2,7	+ 2,8	+ 3,0
Irland	145	256	415	.	+ 4,9	+ 6,2	.
Dänemark	362	569	700	.	+ 3,8	+ 2,6	.
Schweden	905	1 122	1 416	.	+ 1,8	+ 2,9	.
USA	26 920	45 528	60 292	68 353	+ 4,5	+ 3,5	+ 2,5
Kanada	2 274	3 845	4 942	.	+ 4,5	+ 3,2	.
Japan	3 824	8 664	12 641	16 066	+ 7,1	+ 4,8	+ 4,9

a) In Preisen und Wechselkursen von 1963.

Tabelle 22

Ausgewählte Prognosen des Textilverbrauchs der privaten Haushalte

Autor	Land	Nachfragebereich	Zeitraum	Durchschnittliche jährliche Wachstumsrate in %
Tuckwell und Birch	BR Deutschland Frankreich Italien Niederlande Belgien Vereinigtes Königreich USA Japan	Bekleidung	1970/80	4,6 5,5 5,2 3,2 3,8 3,9 4,5 8,2
ENI	Italien	Bekleidung	1970/80	4-4,5
CIEC	Belgien	Bekleidung	1973/80	2,8
NEDO	Vereinigtes Königreich	Bekleidung	1971/77	2,5
Sekretariatet för ekonomisk planering	Schweden	Privater Textilverbrauch insgesamt	1970/77	3,3
Finansdepartementet	Schweden	Bekleidung	1972/80	2,6
U.S. Department of Labor	USA	Bekleidung (ohne Maschenware) Maschenware	1970/80 1980/85 1970/80 1980/85	3,6 2,0 4,2 2,1
Economic Council	Kanada	Bekleidung	1970/80	3,7

Quelle: N. Tuckwell, P. Birch, An Econometric Study of Clothing Expenditure, hrsg. von Economics (Studies) Section, Economics & Operations Research Group, International Wool Secretariat, London 1972, S. 26; Ente Nazionale Idrocarburi (ENI), Rom; Centre Interuniversitaire d'Etude sur la Consommation privée (CIEC); National Economic Development Office (NEDO), Industrial Review to 1977 - Clothing, London 1974, S. 24; Sekretariatet för ekonomisk planering, Svensk ekonomi fram till 1977, Stockholm 1973, S. 157 ff; Finansdepartementet (The Swedish Ministry of Finance), Stockholm; U.S. Department of Labor, Bureau of Labor Statistics, Washington, D.C.; Economic Council of Canada, The Economy to 1980: Staff Papers, Ottawa 1972, S. 191.

V. Zusammenfassung

In der vorliegenden Studie wurde die bisherige und zukünftige Entwicklung des Textilverbrauchs in folgenden Ländern untersucht: Länder der Europäischen Gemeinschaft (einschließlich Vereinigtes Königreich, Irland und Dänemark), Schweden, USA, Kanada und Japan. Die Nachfrage nach Textilien umfaßt zwei Komponenten, nämlich die Nachfrage der privaten Haushalte sowie die Nachfrage der verschiedenen industriellen Bereiche und sonstiger nicht-privater Abnehmer. Da die Bedeutung des nicht-privaten Textilverbrauchs relativ gering ist, beschränkte sich die Untersuchung auf die Analyse des Textilverbrauchs der privaten Haushalte, der den Verbrauch von Bekleidung sowie von Haus- und Heimtextilien umfaßt. Dabei kam es in erster Linie auf die Analyse des Bekleidungsverbrauchs, den bei weitem wichtigsten Teil des privaten Textilverbrauchs, an.

Die Entwicklung des Bekleidungsverbrauchs der privaten Haushalte ist abhängig vom Wachstum der Bevölkerung und des Einkommens sowie von Veränderungen in der Bedarfsstruktur der privaten Haushalte und den Preisrelationen[1]. In der Literatur finden sich wegen des Mangels an geeigneten statistischen Informationen (insbesondere über die Bedarfsstruktur) nur wenige Versuche, die langfristige Entwicklung des Bekleidungsverbrauchs durch Modelle mit mehreren Variablen zu erklären. Die bisherigen empirischen Ansätze zeigen, daß die Ergebnisse im statistischen Sinne um so unsicherer werden, je komplizierter das Modell aufgebaut ist und je mehr Variable in dieses eingehen. Aus diesem Grund ist die Mehrzahl der bekannten, zur Erklärung des Bekleidungsverbrauchs herangezogenen Modelle dadurch gekennzeichnet, daß diese den Bekleidungsverbrauch in Abhängigkeit von nur einer erklärenden Variablen darstellen. Als die für die Entwicklung des Bekleidungsverbrauchs entscheidende Größe schält sich das Einkommen heraus.

Die grundlegende Frage ist, wie sich der Bekleidungsverbrauch im Verhältnis zum Einkommen langfristig entwickelt. Es stellt sich also die Frage nach der Höhe des Elastizitätskoeffizienten[2]. Anhand bisheriger

[1] Verhältnis von Preisentwicklung bei Bekleidung zu Preisentwicklung für die gesamte Lebenshaltung.

[2] Dieser ist definiert als das Verhältnis von relativer Änderung des Bekleidungsverbrauchs zu relativer Änderung des Einkommens. Nimmt der Bekleidungsverbrauch schneller als das Einkommen zu, so ist der Wert des

empirischer Untersuchungen wurde festgestellt, daß der Bekleidungsverbrauch bei niedrigem Lebensstandard überproportional, bei höherem proportional mit dem Einkommen wächst. Bei weiter steigendem Einkommen nehmen die Ausgaben für Bekleidung unterproportional zu. Von Pattis wurde die These aufgestellt, daß bei sehr hohem Lebensstandard Bekleidungsverbrauch und Einkommen mit der gleichen Rate zunehmen, d. h. der Wert des Elastizitätskoeffizienten würde sich in diesem Fall auf 1 belaufen.

Dieser These widerspricht jedoch die Erfahrung, wonach die Einkommenselastizität der Ausgaben für jene Güter sinkt, die bereits längere Zeit auf dem Markt sind. Es kann kein Zweifel daran bestehen, daß Bekleidung dieser Kategorie von Gütern zuzurechnen ist. Vergegenwärtigt man sich weiterhin, daß die Ausgaben für Bekleidung zum Teil einen Grundbedarf — ähnlich wie jene für Nahrungsmittel — befriedigen, so spricht vieles dafür, daß deren Wachstum hinter der Entwicklung jener Ausgaben zurückbleibt, die zum Zweck der Befriedigung relativ neuartiger Bedürfnisse (Erholung, Freizeit usw.) getätigt werden. Dies würde bedeuten, daß der Elastizitätskoeffizient der Ausgaben für Bekleidung auch bei sehr hohen Einkommen unter 1 liegt.

Um die Entwicklung des Bekleidungsverbrauchs in Abhängigkeit vom Einkommen zu untersuchen, wurden mehrere Regressionsanalysen durchgeführt, und zwar sowohl für die Gesamtheit der zwölf Länder als auch für jedes einzelne Land gesondert. Es zeigte sich, daß die Entwicklungskurven des Bekleidungsverbrauchs der einzelnen Länder in einem Korridor liegen, dessen Breite in erster Linie durch strukturelle Besonderheiten der einzelnen Länder bedingt ist. Als wesentlich ist anzusehen, daß sich die Lage der Verbrauchskurven der einzelnen Länder in diesem Korridor im Zeitablauf nicht entscheidend ändert. Dies bedeutet, daß die strukturellen Besonderheiten der einzelnen Länder im Zeitablauf erhalten bleiben.

Der mehr oder weniger gleichförmige Verlauf der Verbrauchskurven deutete darauf hin, daß die Entwicklung des Bekleidungsverbrauchs bestimmten Gesetzmäßigkeiten folgt. Es war daher möglich, sämtliche Wertepaare aller zwölf Länder (d. h. Bekleidungsverbrauch und Einkommen) als ein Ganzes zu betrachten. Dies hat den Vorteil, daß man die Entwicklung des Bekleidungsverbrauchs über einen relativ großen Einkommensbereich verfolgen kann, da unter den zu untersuchenden zwölf Ländern hinsichtlich des Einkommensniveaus beträchtliche Unterschiede bestehen.

Elastizitätskoeffizienten > 1, im umgekehrten Fall ergibt sich ein Wert von < 1. Wachsen Bekleidungsverbrauch und Einkommen gleich schnell, so beläuft sich der Wert des Elastizitätskoeffizienten auf 1.

Damit waren die Voraussetzungen gegeben, um den Zusammenhang zwischen Einkommen und Bekleidungsverbrauch für die Gesamtheit der zwölf zu untersuchenden Länder auf regressionsanalytischem Wege zu testen. Da die graphische Darstellung des Zusammenhangs zwischen Einkommen und Bekleidungsverbrauch darauf hindeutete, daß das Wachstum des Bekleidungsverbrauchs in fast allen Ländern nicht größer ist als jenes des Einkommens, wurden halblogarithmische, doppellogarithmische und Sättigungsfunktionen getestet.

Unter statistischen und ökonomischen Gesichtspunkten erschien eine Sättigungsfunktion am besten geeignet zur Erklärung der Entwicklung des Bekleidungsverbrauchs über einen weiten Einkommensbereich. Diese Funktion unterstellt, daß *im allgemeinen* in hochentwickelten Industrieländern die Ausgaben für Bekleidung mit steigendem Lebensstandard hinter der Entwicklung der Einkommen zurückbleiben.

Die für die Gesamtheit von zwölf wichtigen Industrieländern ermittelte Gesetzmäßigkeit hinsichtlich des Zusammenhangs zwischen Einkommen und Bekleidungsverbrauch durfte nicht ohne weiteres auf *einzelne Länder* übertragen werden. Um den länderspezifischen Gegebenheiten Rechnung tragen zu können, wurden für jedes einzelne der zwölf Länder Regressionsanalysen durchgeführt, und zwar auf der Basis einer doppellogarithmischen, einer halblogarithmischen und einer Sättigungsfunktion. Diese Regressionsanalysen der Vergangenheitsentwicklung bildeten zugleich die Grundlage für die Vorausschätzung des Bekleidungsverbrauchs. Für die Beschreibung des bisherigen und zukünftigen Zusammenhangs zwischen Einkommen und Bekleidungsverbrauch erschien bei der Hälfte der untersuchten Industrieländer, nämlich der BR Deutschland, Großbritannien, Irland, Dänemark, Schweden und den USA die halblogarithmische Funktion, bei drei Ländern, nämlich Italien, Belgien und Japan die doppellogarithmische Funktion am besten geeignet. Bei Frankreich, den Niederlanden und Kanada ergab die Sättigungsfunktion die besten Ergebnisse.

Den Berechnungen zufolge wird bis 1980 der Pro-Kopf-Verbrauch von Bekleidung in Irland mit einer jahresdurchschnittlichen Rate von gut 5 % am schnellsten steigen; dies ist durchaus plausibel, da in diesem Land das Verbrauchsniveau derzeit noch relativ niedrig ist. Für Schweden zeigt die Prognose eine Beschleunigung des Verbrauchswachstums an, wobei allerdings zu berücksichtigen ist, daß im Zeitraum 1960 - 1972 der Bekleidungsverbrauch nur wenig zunahm. In den anderen Ländern dürfte sich — unter den der Prognose zugrunde gelegten Annahmen — das Wachstum des Bekleidungsverbrauchs in den nächsten Jahren teilweise erheblich verlangsamen; für die meisten Länder wird sich das jahresdurchschnittliche Wachstum auf 1 bis 3 % belaufen.

In der ersten Hälfte der achtziger Jahre dürften die privaten Haushalte ihre Ausgaben für Bekleidung in jenen Ländern, für die Informationen über das Wachstum der Einkommen in diesen Jahren verfügbar sind, etwa im selben Maße erhöhen wie in den siebziger Jahren. Nur in den USA wird sich das Wachstum voraussichtlich erheblich verlangsamen.

Anhang

Tabelle A 1

Verwendung des Outputs (einschl. der eingeführten Waren) des Textil- und Bekleidungsgewerbes in der Bundesrepublik Deutschland

Verwendung	Mill. DM		%	
	1965	1970	1960	1970
Intermediäre Verwendung	16 727	20 838	39,3	35,1
davon in:				
Herstellung von Textilien	6 234	6 849	14,6	11,5
Herstellung von Bekleidung und Bettwaren sowie Polsterei- und Dekorateurarbeiten	5 254	8 628	12,3	14,5
Sonstige Bereiche	5 239	5 361	12,3	9,0
Letzte Verwendung von Gütern	25 856	38 540	60,7	64,9
davon:				
Privater Verbrauch im Inland	21 632	32 243	50,8	54,3
Anlageinvestitionen	195	263	0,5	0,4
Vorratsveränderung	+ 965	+ 627	2,3	1,1
Ausfuhr	3 064	5 407	7,2	9,1
Verwendung insgesamt	42 583	59 378	100	100

Quelle: Statistisches Bundesamt, Volkswirtschaftliche Gesamtrechnungen, Reihe 2, Input-Output-Tabellen 1965, S. 60 ff; Wirtschaft und Statistik, Heft 3, 1974, S. 178* ff.

Tabelle A 2

Verwendung des Outputs (einschl. der eingeführten Waren) des Textil- und Bekleidungsgewerbes in Frankreich, Italien, den Niederlanden und Belgien im Jahre 1965

Verwendung	Frankreich Mill.RE[a)]	%	Italien Mill.RE[a)]	%	Niederlande Mill.RE[a)]	%	Belgien Mill.RE[a)]	%
Intermediäre Verwendung	3 453,1	45,2	2 283,2	42,6	746,4	34,3	756,0	34,9
davon in:								
Herstellung von Textilien	1 683,9	22,0	1 033,5	19,3	387,6	17,8	451,9	20,9
Herstellung von Bekleidung	844,3	11,0	934,9	17,5	215,2	9,9	176,6	8,2
Sonstige Bereiche	924,9	12,1	314,8	5,9	143,6	6,6	127,5	5,9
Letzte Verwendung von Gütern	4 188,2	54,8	3 072,8	57,4	1 431,2	65,7	1 410,6	65,1
davon in:								
Privater Verbrauch im Inland	3 278,3	42,9	2 156,4	40,3	925,2	42,5	598,7	27,6
Vorratsveränderung	- 99,4	- 1,3	+ 4,2	0,1	+ 28,9	+ 1,3	- 2,4	- 0,1
Ausfuhr	1 009,3	13,2	912,2	17,0	477,1	21,9	814,3	37,6
Verwendung insgesamt	7 641,2	100	5 355,9	100	2 177,6	100	2 166,7	100

a) Rechnungseinheiten.

Quelle: Statistisches Amt der Europäischen Gemeinschaften, Input-Output-Tabelle 1965, Sonderreihe 2 bis 6 - 1970.

Tabelle A 3

Endverbrauch von Textilien im Vereinigten Königreich
im Jahre 1970

Erzeugnis	Mill. £	%
Bekleidung (ohne Maschenware)	553	25,6
Maschenware	175	8,1
Handarbeitsgarn	31	1,4
Nähfaden	28	1,3
Bänder, Gurte u.ä.	30	1,4
Haushaltstextilien	143	6,6
Wohntextilien	115	5,3
Decken	26	1,2
Bodenbeläge[a)]	524	24,3
Linoleum und Lederbekleidung	36	1,7
Säcke, Planen, Zelte u.ä.	90	4,2
Reifencord	67	3,1
Sonstige Industrie-Textilien	341	15,8
Insgesamt	2 159	100

a) Einschl. Bodenbeläge aus nicht-textilem Material.

Quelle: National Economic Development Office, Industrial Review to 1977 - Textiles, London 1974, S. 21.

Tabelle A 4

Verwendung des Outputs der Textil- und Bekleidungsindustrie in Schweden

Verwendung	Mill. skr (in Preisen von 1968) 1954	1960	1971	% 1954	1960	1971
Intermediäre Verwendung	2 688	2 488	2 279	34,3	27,7	20,5
davon in:						
Textil- und Bekleidungsindustrie	2 174	1 845	1 244	27,8	20,5	11,2
sonstige Bereiche	514	643	1 035	6,6	7,1	9,3
Letzte Verwendung von Gütern	5 143	6 507	8 859	65,7	72,3	79,5
davon:						
Privater Verbrauch	4 857	5 818	7 630	62,0	64,7	68,5
Öffentlicher Verbrauch	105	170	249	1,3	1,9	2,2
Bruttoinvestitionen	42	55	100	0,5	0,6	0,9
Vorratsveränderung	21	168	- 207	0,3	1,9	- 1,9
Ausfuhr	118	296	1 087	1,5	3,3	9,8
Verwendung insgesamt	7 831	8 995	11 138	100	100	100

Quelle: Industriens Utredningsinstitut, Stockholm.

Tabelle A 5: Verwendung des Outputs (einschließlich der eingeführten Waren) der Textil- und Bekleidungsindustrie in den USA

Verwendung	Mill. US-$[a]		%	
	1963	1970	1963	1970
Intermediäre Verwendung	21 372	28 536	54,4	56,0
Endverbrauch	17 892	22 466	45,6	44,0
davon:				
Privater Verbrauch	16 640	20 642	42,4	40,5
Investitionen	287	437	0,7	0,9
Export	670	871	1,7	1,7
Öffentlicher Verbrauch	295	516	0,8	1,0
Insgesamt	39 264	51 002	100	100

a) In Preisen von 1963.

Quelle: U.S. Department of Labor, Bureau of Labor Statistics, Washington, D.C.

Tabelle A 6: Umsatz des Facheinzelhandels mit Textilien in der Bundesrepublik Deutschland

Jahr	Insgesamt	davon: Heimtextilien	Anteil der Heimtextilien am gesamten Umsatz
	Mill. DM		in %
1962	16 043	965	6,0
1964	17 558	1 008	5,7
1966	20 260	1 232	6,1
1968	20 130	1 271	6,3
1970	24 210	1 620	6,7
1972	29 591	2 097	7,1

Quelle: Statistisches Bundesamt, Umsatzsteuerstatistik.

Tabelle A 7: Zusammensetzung des Verbrauchs von Textilien der privaten Haushalte in Frankreich

Bereich	Mill. FF in Preisen von 1963		%	
	1962	1970	1962	1972
Garne	763	1 029	3,2	2,7
Haustextilien	1 144	1 347	4,8	3,6
Möbelstoffe	695	1 080	2,9	2,9
Decken	340	432	1,4	1,1
Teppiche	455	1 071	1,9	2,8
Zelte	135	449	0,6	1,2
Bekleidungszubehör	1 312	1 733	5,5	4,6
Maschenware	3 949	7 889	16,5	21,0
Kleidung	15 133	22 622	63,2	60,1
Insgesamt	23 926	37 652	100	100

Quelle: Institut National de la Statistique et des Etudes Economiques (INSEE), Comptabilité nationale.

Tabelle A 8: Ausgaben der privaten Haushalte für Textilien in Italien

Jahr	Bekleidung Mrd.Lit.	Heimtextilien Mrd.Lit.	Anteil der Heimtextilien an den gesamten Ausgaben in %
1965	1 566	242	13,4
1966	1 753	248	12,4
1967	2 041	257	11,2
1968	2 255	295	11,6
1969	2 437	338	12,2
1970	3 066	348	10,2
1971	3 166	367	10,4
1972	3 415	383	10,1
1973	3 888	438	10,1

Quelle: Ente Nazionale Idrocarburi (ENI), Rom.

Tabelle A 9: Textilverbrauch der privaten Haushalte im Vereinigten Königreich

Verbrauchskategorie	Mill. £ in Preisen von 1963 1963	1968	1971
Bekleidung (ohne Schuhe)	1 546	1 787	1 881
Haushaltstextilien, Wohntextilien und Teppiche	409	516	525
Anteil der Haus- und Wohntextilien an den gesamten Ausgaben in %	20,9	22,4	21,8

Quelle: National Economic Development Office, Industrial Review to 1977 - Textiles, London 1974, S. 23 und 27.

Tabelle A 10: Ausgaben der privaten Haushalte für Textilien in Schweden (in Mill. skr)

Jahr	Kleidung	Garne	Heimtextilien	Anteil der Heimtextilien an den gesamten Ausgaben in %
1960	2 794	197	510	14,6
1962	3 199	221	650	16,0
1964	3 807	263	800	16,4
1966	3 990	305	866	16,8
1968	4 315	305	1 027	18,2
1970	4 895	335	1 169	18,3
1972	5 198	346	1 254	18,4

Quelle: Industriens Utredningsinstitut, Stockholm.

Tabelle A 11

Ausgaben der privaten Haushalte für Textilien in den USA

Bereich	Mill. US-$ in Preisen von 1963		%	
	1963	1970	1963	1970
Garne, Gewebe	611	810	3,7	3,9
Maschenware	821	1 479	4,9	7,2
Bekleidungserzeugnisse	12 716	14 520	76,4	70,3
Bodenbeläge u.ä.	1 011	1 506	6,1	7,3
Sonstige Heim- und Haustextilien u.ä.	1 481	2 327	8,9	11,3
Insgesamt	16 640	20 642	100	100

Quelle: U.S. Department of Labor, Bureau of Labor Statistics, Washington, D.C.

Tabelle A 12

Anteil der Käufe von Bekleidung (einschl. Schuhe) an den Ausgaben für den privaten Verbrauch in %

(Basis: Werte in Landeswährung und Preisen von 1963)

Land	1950	1951	1952	1953	1954	1955	1956	1957	1958	1959	1960
BR Deutschland	12,7	12,3	12,6	13,0	13,1	13,1	13,3	13,1	12,3	12,2	12,4
Frankreich	11,3	11,7	11,4	11,4	11,3	11,5	11,7	12,0	11,4	11,1	10,4
Italien	9,4	9,2	9,5	10,5	9,5	9,6	9,9	9,7	9,5	9,4	9,2
Niederlande	15,2	13,4	13,4	13,4	13,9	14,3	15,8	14,8	14,4	14,4	15,1
Belgien	.	.	.	9,5	9,7	9,6	9,5	9,9	9,3	9,5	8,2
Vereinigtes Königreich	10,7	9,9	9,8	9,8	10,1	10,4	10,7	10,7	10,5	10,7	9,6
Irland	.	.	.	11,0	10,5	10,3	10,7	10,1	10,2	9,8	9,6
Dänemark	10,7	10,3	10,5	10,2	9,6	9,6	8,8	8,8	8,3	8,3	8,0
Schweden	12,9	11,5	11,4	11,6	11,2	11,6	11,8	11,8	11,7	11,7	9,8
USA	9,8	9,6	9,9	9,5	9,4	9,2	9,2	8,9	9,0	9,0	8,0
Kanada	10,3	9,9	10,1	9,9	9,6	9,4	9,4	9,3	9,3	9,2	9,4
Japan	.	.	11,8	12,1	11,8	11,7	12,1	12,6	12,2	12,1	13,1

Fortsetzung nächste Seite

Tabelle A 12 (Fortsetzung)

Anteil der Käufe von Bekleidung (einschl. Schuhe) an den Ausgaben für den privaten Verbrauch in %

(Basis: Werte in Landeswährung und Preisen von 1963)

Land	1961	1962	1963	1964	1965	1966	1967	1968	1969	1970	1971	1972
BR Deutschland	12,5	12,6	12,4	12,4	12,7	12,6	12,3	12,3	12,3	12,1	12,1	12,2
Frankreich	10,5	10,8	11,2	11,0	10,6	10,4	10,1	10,0	10,1	9,9	9,7	9,6
Italien	9,4	9,5	9,6	9,4	9,1	9,1	9,2	9,2	9,1	9,3	9,1	9,1
Niederlande	15,6	15,7	15,6	15,9	15,6	15,5	14,8	14,5	13,2	13,6	13,7	13,3
Belgien	8,3	8,3	8,5	8,4	8,5	8,2	7,9	8,0	7,9	7,6	7,7	7,8
Vereinigtes Königreich	9,6	9,4	9,6	9,7	9,9	9,7	9,6	9,8	9,8	9,9	9,7	9,8
Irland	9,9	9,6	9,6	9,7	10,3	9,7	10,8	11,0	11,6	11,5	11,4	11,0
Dänemark	8,4	8,4	8,4	8,3	8,8	8,3	8,3	8,1	8,0	8,0	7,7	7,7
Schweden	10,1	10,0	10,0	9,9	9,8	9,8	9,6	9,1	9,3	8,9	8,4	8,2
USA	8,1	8,0	8,1	8,3	8,3	8,7	8,6	8,2	8,2	8,1	8,1	8,1
Kanada	9,5	9,4	9,2	0,9	6,9	8,7	8,7	8,7	8,8	8,8	9,1	9,1
Japan	13,3	13,5	13,2	12,7	12,6	12,1	11,8	11,7	11,3	10,9	10,8	10,6

Quelle: OECD, National Accounts of OECD Countries; eigene Berechnungen.

Tabelle A 13

Entwicklung der relativen Preise der Käufe von Bekleidung (einschl. Schuhe)[a]

(1963 = 1,00)

Land	1950	1951	1952	1953	1954	1955	1956	1957	1958	1959	1960	1961
BR Deutschland	1,19	1,23	1,16	1,06	1,03	1,02	1,00	1,02	1,02	1,00	1,02	1,01
Frankreich	1,30	1,32	1,22	1,19	1,16	1,14	1,10	1,10	1,05	1,05	1,04	1,04
Italien	1,26	1,42	1,33	1,18	1,16	1,12	1,06	1,07	1,05	1,05	1,05	1,03
Niederlande	1,37	1,45	1,26	1,25	1,22	1,19	1,11	1,10	1,07	1,06	1,07	1,04
Belgien	.	.	.	1,06	1,03	1,04	1,05	1,03	1,04	1,01	1,02	1,01
Vereinigtes Königreich	1,20	1,28	1,22	1,16	1,14	1,11	1,08	1,06	1,04	1,02	1,02	1,04
Irland	.	.	.	1,12	1,16	1,10	1,07	1,05	1,01	1,02	1,02	1,02
Dänemark	1,32	1,32	1,17	1,13	1,09	1,09	1,09	1,13	1,12	1,09	1,08	1,07
Schweden	1,24	1,28	1,23	1,18	1,17	1,13	1,08	1,06	1,04	1,04	1,05	1,03
USA	1,12	1,14	1,10	1,08	1,07	1,06	1,06	1,04	1,02	1,02	1,04	1,02
Kanada	1,14	1,14	1,11	1,09	1,07	1,06	1,04	1,01	1,00	0,98	0,98	0,99
Japan	.	.	1,33	1,24	1,18	1,14	1,15	1,11	1,09	1,06	1,04	1,03

Fortsetzung nächste Seite

Tabelle A 13 (Fortsetzung)

Entwicklung der relativen Preise der Käufe von Bekleidung (einschl. Schuhe)[a)]

(1963 = 1,00)

Land	1962	1963	1964	1965	1966	1967	1968	1969	1970	1971	1972
BR Deutschland	1,01	1,00	0,99	0,98	0,95	0,96	0,94	0,93	0,93	0,93	0,93
Frankreich	1,02	1,00	1,00	0,99	0,98	0,98	0,90	0,93	0,92	0,91	0,90
Italien	1,01	1,00	1,01	1,00	1,00	1,00	0,99	0,98	0,99	1,00	1,01
Niederlande	1,01	1,00	0,99	0,98	0,97	0,75	0,74	0,77	0,77	0,78	0,78
Belgien	1,01	1,00	0,99	0,97	0,96	0,96	0,96	0,94	0,94	0,93	0,93
Vereinigtes Königreich	1,00	1,00	0,98	0,95	0,94	0,93	0,90	0,88	0,88	0,87	0,88
Irland	1,00	1,00	0,99	0,97	0,94	0,93	0,91	0,87	0,87	0,88	0,89
Dänemark	1,04	1,00	0,98	0,94	0,91	0,88	0,95	0,82	0,79	0,77	0,76
Schweden	1,02	1,00	0,98	0,96	0,94	0,93	0,92	0,88	0,86	0,87	0,87
USA	1,03	1,00	1,01	1,00	0,98	1,00	1,04	1,06	1,05	1,05	1,05
Kanada	0,99	1,00	1,01	1,01	1,01	1,02	1,01	0,99	0,98	0,97	0,95
Japan	1,02	1,00	0,99	0,96	0,94	0,93	0,92	0,92	0,93	0,96	0,96

a) Preise der Käufe von Bekleidung (einschl. Schuhe) bezogen auf Preise für den privaten Verbrauch.

Quelle: OECD, National Accounts of OECD Countries; eigene Berechnungen.

Tabelle A 14

Käufe von Bekleidung (einschl. Schuhe) in % des persönlich verfügbaren Einkommens der inländischen privaten Haushalte

(Basis: Werte in Landeswährung und Preisen von 1963)

Land	1950	1951	1952	1953	1954	1955	1956	1957	1958	1959	1960
BR Deutschland	11,7	11,1	11,3	11,9	11,8	11,4	11,6	11,3	10,6	10,4	10,5
Frankreich	10,7	11,2	10,9	11,1	10,6	10,6	10,9	11,1	10,6	10,2	9,4
Italien	8,3	8,1	8,5	9,3	8,3	8,4	8,5	8,4	8,2	8,0	7,8
Niederlande	16,0	13,6	13,4	12,8	12,7	12,4	14,2	13,2	12,5	12,7	12,9
Belgien	.	.	.	8,7	8,9	8,8	8,6	9,1	8,2	8,6	7,3
Vereinigtes Königreich	10,9	10,2	9,8	9,7	10,1	10,3	10,4	10,5	10,4	10,4	9,2
Irland	.	.	.	9,9	9,7	9,6	9,9	9,2	9,8	9,0	8,8
Dänemark	9,8	9,5	9,4	9,1	8,8	9,0	8,1	7,9	7,6	7,4	7,2
Schweden	12,5	10,7	10,3	10,6	10,2	10,3	10,5	10,5	10,5	10,7	9,1
USA	9,8	8,9	9,1	8,8	8,8	8,7	8,5	8,3	8,3	8,5	7,5
Kanada	9,7	9,0	9,2	9,0	9,1	8,9	8,7	8,8	8,6	8,6	9,0
Japan	.	.	10,6	11,1	10,7	10,2	10,5	10,6	10,4	10,1	10,8

Fortsetzung nächste Seite

Tabelle A 14 (Fortsetzung)

Käufe von Bekleidung (einschl. Schuhe) in % des persönlich verfügbaren Einkommens der inländischen privaten Haushalte

(Basis: Werte in Landeswährung und Preisen von 1963)

Land	1961	1962	1963	1964	1965	1966	1967	1968	1969	1970	1971	1972
BR Deutschland	10,7	10,9	10,8	10,6	10,7	10,7	10,6	10,4	10,5	10,1	10,3	10,3
Frankreich	9,6	9,6	10,0	9,8	9,4	9,2	8,9	8,9	9,0	8,7	8,5	8,4
Italien	7,9	7,9	8,2	8,0	7,6	7,7	7,9	7,8	7,6	7,8	7,4	7,4
Niederlande	13,6	13,8	13,8	13,5	13,3	13,3	12,7	12,3	11,3	11,7	11,9	11,2
Belgien	7,4	7,3	7,6	7,3	7,1	7,0	6,6	6,8	6,6	6,2	6,3	6,4
Vereinigtes Königreich	9,0	8,9	9,1	9,2	9,3	9,1	9,1	9,3	9,4	9,4	9,3	9,3
Irland	8,9	8,7	8,8	8,7	9,2	8,7	9,7	9,9	10,4	10,2	10,0	9,2
Dänemark	7,3	7,5	7,6	7,4	7,8	7,6	7,6	7,4	7,5	7,4	7,1	7,1
Schweden	9,4	9,3	9,4	9,1	9,3	9,3	9,2	8,9	9,0	8,6	7,9	7,8
USA	7,6	7,4	7,6	7,6	7,6	8,0	7,9	7,6	7,6	7,4	7,4	7,5
Kanada	9,2	8,8	8,6	8,6	8,4	8,1	8,2	8,2	8,3	8,3	8,3	8,3
Japan	10,7	11,0	10,9	10,6	10,4	10,0	9,6	9,4	9,1	8,7	8,6	8,4

Quelle: OECD, National Accounts of OECD Countries; eigene Berechnungen.

Tabelle A 15

Pro-Kopf-Verbrauch von Bekleidung (einschl. Schuhe) der inländischen privaten Haushalte in US-$

(in Preisen und Wechselkursen von 1963)

Land	1950	1951	1952	1953	1954	1955	1956	1957	1958	1959	1960
BR Deutschland	57	59	65	74	79	85	92	95	93	95	105
Frankreich	75	83	83	86	87	93	100	107	101	99	97
Italien	33	34	36	43	39	41	44	45	45	46	47
Niederlande	77	65	65	68	74	80	95	88	85	88	96
Belgien	.	.	.	74	77	80	81	86	80	83	75
Vereinigtes Königreich	86	79	77	80	86	91	94	96	97	102	94
Irland	.	.	.	51	49	51	52	48	50	49	51
Dänemark	88	82	84	84	83	82	76	77	76	79	79
Schweden	120	105	107	111	112	119	123	124	126	129	121
USA	158	154	160	158	156	162	163	159	158	165	149
Kanada	110	106	111	112	108	110	114	113	113	115	127
Japan	.	.	22	25	25	26	29	32	33	35	41

Fortsetzung nächste Seite

Tabelle A 15 (Fortsetzung)

Pro-Kopf-Verbrauch von Bekleidung (einschl. Schuhe) der inländischen privaten Haushalte in US-$

(in Preisen und Wechselkursen von 1963)

Land	1961	1962	1963	1964	1965	1966	1967	1968	1969	1970	1971	1972
BR Deutschland	111	116	118	122	133	135	133	138	147	153	160	165
Frankreich	102	110	120	124	123	126	127	132	140	144	147	148
Italien	52	55	60	60	60	64	68	71	74	81	81	84
Niederlande	102	107	113	120	125	126	125	129	125	137	146	155
Belgien	77	80	85	86	89	89	87	93	96	97	102	109
Vereinigtes Königreich	96	94	100	104	107	106	106	111	111	114	115	122
Irland	55	55	57	59	63	61	70	77	85	85	85	85
Dänemark	88	93	92	97	106	104	107	97	106	105	105	114
Schweden	130	132	138	141	146	147	147	145	153	149	139	138
USA	152	155	162	171	181	198	198	198	201	201	207	218
Kanada	127	130	130	133	137	139	143	147	153	154	163	176
Japan	45	50	53	56	58	60	64	68	72	74	77	81

Quelle: OECD, National Accounts of OECD Countries; eigene Berechnungen.

Tabelle A 16

Persönlich verfügbares Einkommen pro Kopf in US-$

(in Preisen und Wechselkursen von 1963)

Land	1950	1951	1952	1953	1954	1955	1956	1957	1958	1959	1960
BR Deutschland	488	535	578	624	667	746	799	846	878	912	997
Frankreich	704	742	763	775	822	876	916	961	959	970	1025
Italien	397	414	429	462	472	490	512	534	549	579	614
Niederlande	479	478	487	531	581	649	667	664	681	688	742
Belgien	.	.	.	845	869	912	940	949	974	966	1025
Vereinigtes Königreich	788	770	785	823	850	911	906	918	932	975	1027
Irland	.	.	.	541	509	529	522	526	516	549	581
Dänemark	905	864	891	921	937	919	939	973	998	1070	1108
Schweden	965	978	1036	1052	1090	1147	1174	1184	1196	1211	1327
USA	1612	1733	1753	1798	1787	1869	1910	1913	1902	1952	1998
Kanada	1136	1176	1204	1235	1188	1242	1313	1296	1322	1333	1407
Japan	.	.	204	221	234	260	278	300	317	345	380

Fortsetzung nächste Seite

Tabelle A 16 (Fortsetzung)

Persönlich verfügbares Einkommen pro Kopf in US-$

(in Preisen und Wechselkursen von 1963)

Land	1961	1962	1963	1964	1965	1966	1967	1968	1969	1970	1971	1972
BR Deutschland	1035	1064	1091	1157	1242	1258	1253	1332	1399	1517	1550	1595
Frankreich	1072	1154	1210	1260	1312	1363	1433	1482	1550	1650	1726	1826
Italien	651	692	734	752	786	822	863	910	978	1035	1087	1124
Niederlande	750	778	821	887	938	948	987	1046	1105	1169	1187	1239
Belgien	1045	1099	1127	1186	1251	1276	1311	1367	1463	1565	1621	1706
Vereinigtes Königreich	1059	1055	1096	1130	1150	1167	1175	1187	1181	1215	1238	1310
Irland	614	630	644	685	688	692	716	775	815	838	854	927
Dänemark	1201	1246	1211	1320	1373	1374	1424	1309	1412	1424	1467	1598
Schweden	1382	1419	1469	1544	1569	1580	1592	1636	1694	1739	1759	1783
USA	2011	2086	2128	2246	2366	2474	2514	2601	2649	2729	2807	2896
Kanada	1389	1467	1513	1553	1634	1717	1749	1787	1843	1869	1980	2110
Japan	418	451	486	527	558	598	665	727	786	845	897	963

Quelle: OECD, National Accounts of OECD Countries; eigene Berechnungen.

Literaturverzeichnis

De Bandt: Die Textilindustrie der EWG — Analyse und Aussichten (1975), Paris 1969

Breitenacher, M.: Textilindustrie, 2. Auflage, Berlin-München 1971

— Die Bekleidungsindustrie aus der Sicht der siebziger Jahre, Berlin-München 1975

Dumard, J.: Structure et Equilibre du Marché du Textile, hrsg. von C.R.E.D. O.C., Paris, September 1967

Donald, R., F. *Lowenstein,* M. S. *Simon:* The Demand for Textile Fibers in the United States, hrsg. von United States Department of Agriculture, Economic Research Service, Washington, D.C., 1963

Economic Council of Canada, The Economy to 1980: Staff Papers, Ottawa 1972

Ekström, J., S. *Lundberg:* Beklädnadskonsumtionen — Ny analys och prognos för 1975, Stockholm 1967

Helmstädter, E: Der Markt bestimmt die Produktion — auch in der Textilwirtschaft, in: Zeitschrift für allgemeine und textile Marktwirtschaft, Jahrgang 1974, Heft 3, S. 211 ff.

Industrial Structure Council, Direction of Japan's Industrial Structure, 1974

Kurth, W.: Langfristige Prognosen des Textilverbrauchs in einigen europäischen Ländern, Köln und Opladen 1970

Kuster, R., G. *Badin:* Die Bekleidungsindustrie in der Europäischen Wirtschaftsgemeinschaft — Analyse und Prognosen 1975, hrsg. von Capelin Associates Limited, Genf, 1970

Lösch, H. P.: Gegenwärtige und zukünftige Entwicklungstendenzen der inländischen Textilnachfrage, in: Textilwirtschaft im Strukturwandel, hrsg. von W. G. Hoffmann, Tübingen 1966

N. N.: Le Prospettive dell'Industria Tessile Italiana, Milano 1971

National Economic Development Office (NEDO), Your Future in Clothing, London 1970

— Industrial Review to 1977 — Textiles, London 1974

— Industrial Review to 1977 — Clothing, London 1974

OECD, Energy Prospects to 1985 — An Assessment of Long Term Energy Developments and Related Policies, Paris 1974

— Demographic Trends 1970 - 1985 in OECD Member Countries, Paris 1974

Onigkeit, D.: Zur Berechnung von Einkommenselastizitäten für Prognosen, in: Schweizerische Zeitschrift für Volkswirtschaft und Statistik, Heft 4/1973

Pattis, P.: Die Märkte für Textilien — Typische langfristige Entwicklungstendenzen als Grundlage für Prognosen, Zürich und St. Gallen 1969

Sekretariatet för ekonomisk planering, Svensk ekonomi fram till 1977, Stockholm 1973

Strothmann, H.: Der Energieverbrauch in der westdeutschen Textilindustrie und seine zukünftige Entwicklung, Schriften zur Textilwirtschaft, Band 14, Münster 1972

Tuckwell, N., P. *Birch:* An Econometric Study of Clothing Expenditure, hrsg. von Economics (Studies) Section, Economics & Operations Research Group, International Wool Secretariat, London 1972

U.S. Department of Labor: Bureau of Labor Statistics: The U.S. Economy in 1985 — A Summary of BLS Projections, Washington, D.C., 1974

Ward, L. F., G. A. *King:* Interfiber Competition witl Emphasis on Cotton — Trends and Projections to 1980, hrsg. von U.S. Department of Agriculture, Economic Research Service, Washington, D.C., 1973

Statistische Quellen

Centre Interuniversitaire d'Etude sur la Consommation privée (CIEC), Brüssel

Ente Nazionale Idrocarburi (ENI), Rom

Finansdepartement (The Swedish Ministry of Finance), Stockholm

Industriens Utredningsinstitut, Stockholm

Institut Nationale de la Statistique et des Etudes Economiques (INSEE), Paris, Comptabilité Nationale

National Economic Development Office, London

OECD, National Accounts of OECD Countries, verschiedene Jahrgänge

Statistisches Amt der Europäischen Gemeinschaften, Input-Output-Tabelle 1965, Sonderreihe 2 bis 6 — 1970

Statistisches Bundesamt, Wiesbaden
Umsatzsteuerstatistik
Wirtschaft und Statistik, Heft 3/1974
Volkswirtschaftliche Gesamtrechnungen, Input-Output-Tabellen 1965

U.S. Department of Labor, Bureau of Labor Statistics, Washington, D.C.

Schriftenreihe des Ifo-Instituts für Wirtschaftsforschung

19 **Erfolgsbeteiligung der Arbeitnehmer.** Von W. Huppert. 58 S. 1953. vergr.

20 **Die Holzwirtschaft der Welt.** Von R. Schroeder. 106 S. 1953. DM 15,60

21 **Statistisches Handbuch der Bauwirtschaft.** 3. Aufl. 199 S. 1954. DM 43,60

22 **Kaffee, Tee und Kakao.** Von O. Amonn. 88 S. 1954. DM 11,60

23 **Der Ertrags-/Aufwandsvergleich in der westdeutschen Landwirtschaft.** 136 S. 1954. DM 15,60

24 **Betriebliches Miteigentum der Arbeitnehmer.** Von W. Huppert. 65 S. 1954. DM 8,—

25 **Zur Frage der Verzinsung von Verkehrswegen.** Von W. L. Schneider und J.-P. Petersen. 51 S. 1954. DM 4,60

26 **Internationale Rohstoffregulierungen.** Von J. Schöllhorn. 181 S. 1955. DM 22,60

27 **Zur volkswirtschaftlichen Problematik der dynamischen Sozialrente.** 37 S. 1956. DM 3,60

28 **Güterproduktion und Transportaufkommen.** Von W. L. Schneider und A. Rüthlein. 60 S. 1957. DM 8,60

29 **Zehn Jahre Möbel im Bundesgebiet.** Von R. Schroeder und S. Prokoph. 88 S. 1957. DM 16,80

30 **Die westdeutsche Industrie als Investor und als Käufer von Ausrüstungsgütern auf den Märkten der Investitionsgüterindustrien.** Von W. Schmidt. 59 S. 1958. DM 11,80

31 **Bestimmungsfaktoren des Konsums in der Bundesrepublik.** Von G. Gehrig. 105 S. 1958. DM 21,60

32 **Die Berechnung der kumulierten Umsatzsteuerbelastung von Erzeugnissen.** Von J.-P. Petersen. 76 S. 1958. DM 11,60

33 **Kumulativwirkung und Zusatzsteuer.** Von W. Faber. 102 S. 1958. DM 17,80

34 **Das Handwerk als Konkurrent des Einzelhandels.** Von E. Batzer und H. Laumer. 31 S. 1958. DM 7,60

35 **Der Großhandel in Gegenwart und Vergangenheit.** Von E. Batzer und H. Laumer. 90 S. 1958. DM 17,80

36 **Exporterwartungen im Konjunkturtest.** Von W. Marquardt und D. Brück. 68 S. 1959. DM 15,60

37 **Kapitaleinsatz und Produktivität in Landwirtschaft und Industrie.** Von G. Müller und H. Schmidt. 70 S. 1959. DM 11,80

38 **Der Konjunkturtest.** Von W. Marquardt und W. H. Strigel. 224 S. 1959. DM 38,60

39 **Die deutsche Handelsstatistik.** Von E. Batzer und H. Laumer. 103 S. 1960. DM 19,80

40 **Die Entwicklungstendenzen des Güterverkehrs in der Bundesrepublik Deutschland bis zum Jahre 1970.** 163 S. 1960. DM 31,60

41 **Die Bedeutung des Kapitals für die Einkommensbildung im landwirtschaftlichen Betrieb.** Von H. Schmidt, 144 S. 1960. DM 23,80

42 **Güterproduktion und Transportleistung.** Von R. Streifinger. 51 S. 1961. DM 11,80

43 **Wirtschafts- und finanzpolitische Probleme der Hersteller-Zusatzsteuer.** Von H.-P. Hoffmann. 66 S. 1960. DM 11,60

44 **Analyse unternehmerischer Verhaltensweisen.** Von O. Hatzold und H. Helmschrott. 103 S. 1961. DM 22,60

45 **Aufgaben und Grenzen der gemeindlichen Kreditnahme.** Von E.-G. Winkler. 114 S. 1961. DM 19,80

46 **Die Arbeitsmarktsituation im westdeutschen Großhandel.** Von H. Laumer. 175 S. 1961. DM 39,80

47 **Der Großhandel in der westdeutschen Wirtschaft.** Von E. Batzer. 184 S. 1962. DM 44,—

48 **Zur Bedeutung und Problematik des Funktionsrabattes.** Von E. Batzer. 135 S. 1962. DM 29,60

49 **Probleme industrieller Investitionsentscheidungen.** Von Th. Oursin. 65 S. 1962. DM 12,80

50 **Der Großhandel in den außerdeutschen EWG-Ländern.** Von E. v. Miller. 107 S. 1962. DM 23,80

51 **Soziale Auswirkungen des technischen Fortschritts.** 522 S. 1962. vergr.

52 **Eine ökonomische Analyse des Konsums von 1925 bis 1938 und 1950 bis 1957.** Von G. Gehrig. 104 S. 1962. DM 27,60

53 **Finanzpolitische Instrumente der Konjunkturpolitik.** Von L. Klein. 118 S. 1963. DM 22,60

54 **Langfristige Branchenprojektionen.** Von F. O. Bonhoeffer. 78 S. 1963. DM 17,60

Struktur und Wachstum

Reihe Absatzwirtschaft

Herausgegeben vom Ifo-Institut für Wirtschaftsforschung, München

Nicht nur in der Industrie, sondern auch im Handel vollziehen sich einschneidende strukturelle Veränderungen, deren Beobachtung um so wichtiger erscheint, als den Problemen des Absatzes steigende Bedeutung zukommt. Die Reihe Industrie wird daher durch die neue Reihe Absatzwirtschaft ergänzt. In ihr sollen in zwangloser Folge Untersuchungen über Wachstumsprobleme verschiedener Handelszweige veröffentlicht werden.

1 **Der Versandhandel.** Struktur und Wachstum im internationalen Vergleich. Von *M. Eli* und *H. Laumer.* 114 S. 1970. DM 34,60

2 **Aufgaben, Stellung und Entwicklungsperspektiven der Handelsvertretung in der Bundesrepublik Deutschland.** Von *E. Batzer* und *W. Meyerhöfer.* 163 S. 1970. DM 44,60

3 **Marktstrukturen und Wettbewerbsverhältnisse im Einzelhandel.** Von *E. Batzer, E. Greipl, H. Laumer, W. Meyerhöfer* unter Mitarbeit von R. Geml. 339 S. mit 18 Tab. und 9 Abb. 1971. DM 76,60

4 **Die Nahrungsmitteldistribution in Westeuropa.** Von *E. Batzer, R. Geml, E. Greipl* und *H. Laumer.* 2 Bände. I: Belgien, Bundesrepublik Deutschland, Frankreich, Italien, Niederlande. 131 S. 1971. DM 39,60; II: Dänemark, Großbritannien, Irland, Norwegen, Schweden. 137 S. 1971. DM 44,60

5 **Marktstrukturen und Wettbewerbsverhältnisse im Großhandel der Bundesrepublik Deutschland.** Von *E. Batzer* und *E. Greipl.* 82 S. 1974. DM 28,60

6 **Marktstrukturen und Wettbewerbsverhältnisse im Großhandel in den Ländern der Europäischen Gemeinschaften.** Belgien/Luxemburg, Bundesrepublik Deutschland, Frankreich, Italien, Niederlande. Von *E. Batzer, E. Greipl, W. Meyerhöfer* u. *D. Würl.* 276 S. mit 90 Tab. u. 1 Ausschlagtaf. 1974. DM 68,60